La polyvalence
sous toutes ses facettes

Éditions d'Organisation
1, rue Thénard
75240 Paris Cedex 05
Consultez notre site :
www.editions-organisation.com

Patrick Micheletti

La polyvalence
sous toutes ses facettes

Éditions
d'Organisation

TABLE DES MATIÈRES

AVANT-PROPOS
Faire le point

Parler de la polyvalence et écrire à ce sujet, c'est faire une mise au point de tout ce qui peut se dire ou s'écrire à propos d'un concept largement employé dans la vie courante et que chacun a tendance à définir selon sa propre perception. Il est intéressant de faire le tour complet sur la question tant il peut y avoir d'interprétations et surtout de mises en application sur le terrain de chaque entreprise, association ou établissement public, que l'on dénomme la structure. Alors que l'on a tendance à croire que très peu de concepts concernent une grande partie de la population active, on peut affirmer que la polyvalence professionnelle touche un grand nombre de personnes, quel que soit leur niveau. Il est donc indispensable d'affiner le concept afin de lui donner une dimension propre et une accessibilité au plus grand nombre. Le but principal consiste à gommer les erreurs et les contre-vérités colportées à ce propos.

Il existe peu de sujets qui attirent et repoussent à la fois. La polyvalence est donc un thème qui suscite un grand intérêt, en particulier pour les nombreux avantages qu'elle engendre. Elle suscite aussi de l'inquiétude car beaucoup y trouvent de nombreux inconvénients, en particulier la remise en cause d'acquisitions en terme d'organisation et de confort dans le travail. Jouer sur les deux tableaux permet de transformer un système d'organisation du travail et de gestion des ressources humaines en système suffisamment performant pour le faire accepter sans créer de distorsions, de rejets ou de conflits.

La polyvalence professionnelle est un concept qui existe en tant que tel, même s'il revêt d'innombrables formes d'application. La polyvalence a toujours existé et se serait renforcée avec la division scientifique du travail représentée par la spécialisation. Il est donc utile de l'accepter ou de ne pas la nier sous des prétextes divers. Évidemment, elle est secondaire par rapport aux formes classiques d'organisation que l'on connaît mais elle a une place réelle et une identité qui la rendent de plus en plus nécessaire afin de parfaire les rouages d'un système d'organisation qui a parfois tendance à ne pas toujours fonctionner correctement.

Notre propos se veut constructif, faisant une place d'honneur à la polyvalence professionnelle. En aucun cas, il ne serait question de la placer comme un contre-pouvoir qui irait à l'encontre de la spécialisation du travail ou de la remise en cause d'avantages acquis, mais de faire reconnaître le caractère transversal de multiples qualifications que possèdent ou sont susceptibles de posséder beaucoup d'individus dans le monde du travail. Par cette acception, la présentation des différents modes de polyvalence professionnelle rappelant ainsi l'aspect multiforme du concept, donne une idée de sa complexité, donc de la difficulté à cerner les contours fluctuants qui en font sa force et son originalité. Nous nous attachons donc à déterminer, par un mode de détection et d'évaluation, les individus capables d'intervenir dans des situations de polyvalence professionnelle se trouvant à n'importe quel niveau de la hiérarchie, à porter notre attention sur le sujet « l'individu polyvalent » en sa capacité à opérer sur l'objet « les situations de polyvalence » qui sont infinies. Dans tous les cas, c'est toujours le sujet qui crée la polyvalence et non pas l'objet.

Cette affirmation part du constat selon lequel une structure peut, en cas d'absence de polyvalents au sein de son personnel, faire appel à des spécialistes pour résoudre un problème donné ou répondre à une question précise. En cas de manque, la polyvalence peut donc être facilement substituée par l'apport de spécialités relatives au contexte. La polyvalence est entièrement guidée par la volonté d'individus qui l'acceptent et la mettent en œuvre et non parce que la structure rencontre une des innombrables situations qui nécessitent des interventions de personnels polyvalents. Le véritable « maître » de la situation est le sujet qui peut décider d'opérer en polyvalent ou de ne pas intervenir en se retranchant derrière sa spécialisation conformément à ses prérogatives. La polyvalence n'est pas l'apanage de quelques-uns. Elle requiert un état d'esprit et une volonté qui ne sont pas communes à tous. À certains égards, elle demande du courage car elle n'est ni banale ni évidente, comparée au côté rassurant que présente la spécialisation.

Nous assistons à de nombreuses résistances à son application, depuis les préjugés qu'il faut éliminer, jusqu'aux règles administratives et juridiques qui ne sont pas adaptées à des situations qui ne présentent que des particularités en perpétuel changement. En général le monde du travail a besoin de repères fixes. Dans la logique de la polyvalence, la formation et l'expérience deviennent des vecteurs de développement remarquables pour trouver les moyens d'une continuelle adaptabilité d'individus demandeurs de toujours plus de possibilités d'intervention sur des situations futures souvent inconnues. C'est donc l'adaptabilité permanente qui va être le but ultime de la demande des polyvalents. La détection de leur potentiel et ensuite de son évaluation avec toutes les critiques que cela peut entraîner mais que l'on juge indispensables dans le cadre d'une véritable constitution de « capital humain polyvalent » est une priorité.

Dans toute procédure, en particulier celles au caractère novateur, il est nécessaire de se doter de moyens de reproductibilité et de veiller à pérenniser l'ensemble. C'est la raison pour laquelle la validation est une authentique garantie, aussi bien pour l'individu que pour la structure. La tendance se confirme par la certification, c'est-à-dire la reconnaissance officielle de la polyvalence par une proposition acceptée par l'ensemble des acteurs du monde du travail.

1

LA POLYVALENCE PROFESSIONNELLE : UN INTÉRÊT RENOUVELÉ

LES ASPECTS PUREMENT CONTEXTUELS

Qui n'a pas entendu, dans un groupe d'enfants, chacun dire le métier qu'il voudrait exercer plus tard lorsqu'il sera grand ? Les réponses sont orientées systématiquement vers un métier bien défini du style : pompier, médecin, vétérinaire, pilote d'avion, informaticien, etc. Elles sont la simple illustration de la spécialisation du travail, mise au point par Taylor, plus connue sous le nom de « taylorisme ». Pourtant, un pompier est un véritable professionnel qui exerce par ailleurs un autre métier ; il n'est pas rare non plus de voir un médecin ou un vétérinaire en Afrique, piloter son avion pour les besoins de son travail, un plombier être un électricien, un comptable être un informaticien, etc. Ainsi, un métier unique peut dépasser ses traditionnelles frontières et déboucher sur d'autres fonctions.

D'un point de vue contextuel, les aléas de l'économie de production ont modifié les comportements des salariés. Dans la vie professionnelle d'un individu, être formé à un métier de base, l'exercer, paraît aujourd'hui inconcevable sans en changer ses pourtours. Une des raisons majeures réside, en particulier, dans la difficulté du marché du travail. Auparavant, un salarié recevait une formation et exerçait facilement le métier qu'il avait choisi. De nos jours, de nombreux experts pensent qu'il est difficile de rester sur ce schéma, particulièrement dans le secteur privé.

Les difficultés des entreprises, la remise en cause permanente des capacités de production, ainsi que la raréfaction des offres, sur un bassin d'emplois, modifient substanciellement l'attitude des candidats à l'embauche. Il devient absolument nécessaire pour eux de passer sur un système, dit de « conversion », c'est-à-dire de changement de métier, ou sur un système, dit d'« adaptation », c'est-à-dire de passage progressif vers des compétences proches de celui qu'ils exerçaient, afin de retrouver une position d'employabilité. On peut aussi ajouter, comme le pensent certains spécialistes de l'économie du travail ou du changement, qu'il est intéressant de changer plusieurs fois de métiers au cours de sa vie professionnelle. Cette polyvalence a pour effet d'ouvrir d'autres horizons professionnels, et permet d'exercer un métier pour lequel on était réellement destiné, en raison de ses goûts, ses motivations, ses aptitudes, ses comportements, ou tout simplement pour revenir à la réalité du métier d'origine et l'apprécier à sa juste valeur.

Il est ainsi avantageux de posséder une double, triple..., qualification, qui ouvre l'esprit, facilite l'adaptabilité, l'habileté, et une meilleure compréhension d'autres aspects ou systèmes de production. Il s'avère souvent payant d'avoir, suivant l'adage célèbre, « plusieurs cordes à son arc » qui constituent une sécurité supplémentaire face au marché du travail. Avoir plusieurs qualifications permet donc de se constituer un capital technique de connaissances et de s'adapter à des situations nouvelles et changeantes.

Les passeports pour l'emploi

> Le diplôme qui engendre la qualification, elle-même engendrant le métier, s'avère parfois difficilement intégrable dans la ligne de production.

La spécialisation à outrance pour tous est une idée qui n'a plus vraiment cours dans le contexte économique actuel. La base d'un métier est le plus souvent constituée par le diplôme qui en fait son principe et sa valeur. Elle présente de nombreux avantages car le diplôme assure au salarié un niveau de qualification et souvent de rémunération assez précis, lié intrinsèquement à l'origine et à sa valeur. Notre propos n'est pas de remettre en question cet état de fait qui apporte de grandes satisfactions, même s'il est loin d'être parfait, en particulier pour les autodidactes. Toutefois, le diplôme qui engendre la qualification, elle-même engendrant le métier, s'avère parfois difficilement intégrable dans la ligne de production (par simplification, nous entendons par ligne de production tout processus d'élaboration, de transformation et de distribution d'un bien ou d'un service).

En effet, selon la traditionnelle vision tayloriste, chaque individu qualifié doit pouvoir trouver sa place le long de cette ligne de production. Dans la réalité, nombreux sont ceux qui restent en dehors (chômage) ou ne mettent en œuvre qu'une très faible part de leur qualification, engendrant ainsi gaspillages et frustrations. Si le diplôme est souvent le passeport pour l'emploi, la qualification n'est pas toujours la voie idéale d'intégration dans l'entreprise.

Les employeurs font le constat de cet écart d'adaptation et ne peuvent que déplorer cet état qui se traduit, pour certains d'entre eux, par la présence de spécialistes sur des aspects particuliers de la production, alors qu'il faudrait des individus capables d'intervenir à plusieurs endroits de la ligne de production. Dans d'autres cas, des généralistes, parfois incapables d'adaptation, ne possèdent pas le début d'une véritable spécialisation. On constate donc un manque de professionnels susceptibles de changer de fonctions, même relativement simples, car inconnues pour des spécialistes, en raison de leur qualification trop pointue. Leur formation n'est pas mauvaise mais plutôt inadaptée aux besoins de l'entreprise et à ses impératifs de production. Toutefois, il est impossible de concevoir des formations adaptées à tous les problèmes de production de l'entreprise, cela relèverait de l'utopie, d'où l'impérieuse nécessité de permettre aux individus d'être polyvalents au sein de l'entreprise.

Une soupape de sécurité pour le salarié et l'entreprise

D'autres raisons peuvent être évoquées, notamment le progrès technique. Il rend le salarié de plus en plus dépendant de ses capacités à s'adapter à d'autres formes d'évolution de son métier de base. Parler de qualification de départ devient presque caduc en raison de l'évolution des conditions d'exercice. L'approche purement technique et spécialisée s'est complètement modifiée, empiétant sur d'autres techniques et d'autres qualifications appartenant à d'autres métiers. Ainsi, la mécanisation a fait place à l'électromécanisation, remplacée plus tard par des commandes électroniques, puis l'informatique, la robotique. Certes, les profils ont évolué ; ils ont intégré d'autres spécialités, issues d'autres métiers. En fait, entre l'intégration d'une partie d'un autre métier ou spécialité, pour un métier observé, et sa reconnaissance effective comme entité du métier, il existe une période où la polyvalence professionnelle s'inscrit et joue un rôle considérable pour ne pas créer de ruptures dans la production et faciliter l'intégration d'éléments techniques nouveaux.

La polyvalence professionnelle apparaît comme une soupape de sécurité, une roue intermédiaire entre deux étapes de consolidation du métier de base. Elle apparaît comme un laboratoire d'essai, un terrain d'expériences et d'intégration de disciplines venues d'ailleurs. Elle peut donc être très en avance mais certainement, à terme, l'indispensable nécessité à laquelle on ne pourra se soustraire, aussi bien dans l'intérêt de l'entreprise que du salarié.

▶ Le contexte
économique a
souvent été le
catalyseur du
besoin de polyva-
lence profession-
nelle.

Le contexte économique a souvent été le catalyseur du besoin de poly-valence professionnelle mais ses corollaires, à savoir la décélération, la décroissance, sont aussi des contextes favorables à sa mise en place. S'il y a, dans la vie d'une entreprise, des périodes fortes et des périodes plus faibles, il devient important d'avoir du personnel à forte réactivité, pour faire face à des accélérations, mais aussi à des décélérations. Pour répondre de façon efficiente à toutes les difficultés rencontrées en période de décélération, il est indispensable de revenir sur des points de la ligne de production, que certains ne connaissent plus ou ont oubliés, du fait de leurs fonctions. À ce stade, la polyvalence profes-sionnelle entre en jeu ; elle permet d'assouplir la charge de production, grâce, en particulier, au fait que certains travailleurs puissent intervenir de nouveau sur des tâches inhabituelles ou abandonnées depuis long-temps, allégeant ainsi la masse salariale, tout en évitant de faire appel à une main-d'œuvre extérieure. En d'autres termes, être polyvalent permet de fluidifier la production et d'être opérationnel à moindre coût.

Des économies financières non négligeables

C'est l'occasion d'une mise au point et d'une révision des connaissan-ces de base qui peuvent s'avérer intéressantes par la remise en question d'idées préconçues, en particulier sur le statut et le niveau requis pour exercer une fonction précise.

Le contexte économique est, par définition, porteur d'incertitudes et la notion de métier spécialisé peut être mise en difficulté lors de situations d'adaptation avec de fortes variations nécessitant une grande réactivité pour apporter des réponses positives et tenir dans les moments diffi-ciles. Le dépassement des frontières traditionnelles du métier est alors nécessaire ; on ne sait pas encore vers quel type de spécialisation il faudra se tourner pour être réellement en phase avec la demande ou répondre au besoin exprimé. Recruter un spécialiste n'est pas utile si une partie du travail peut être effectuée par un salarié disposant de la compétence nécessaire pour y répondre. En conséquence, l'embauche de spécialistes se trouve affectée de dissonance à cause de la sous-utilisation due en particulier à des tâches ponctuelles. Quelle serait, alors, la raison d'avoir recours à un spécialiste que l'on va sous-employer la plus grande partie du temps, alors qu'il serait préférable de former un salarié à une tâche spécialisée ?

Là aussi, la polyvalence professionnelle est une solution, certes inter-médiaire, mais assurément pleine de bon sens, à condition, bien sûr, qu'elle ne soit pas le résultat d'un à-peu-près contestable mais plutôt la mise en évidence de compétences supplémentaires possédées ou acquises en formation.

LA RECHERCHE D'UNE UTILISATION OPTIMALE DES MOYENS HUMAINS ET TECHNIQUES

Le contexte économique français est marqué, depuis ces dernières années, par la recherche de la meilleure adéquation possible des différents moyens de production, techniques et humains, par le biais de formes originales d'organisation du travail. À cela, ajoutons un phénomène, qui va en s'amplifiant, à savoir, l'aménagement et la réduction du temps de travail, qui engendre des attitudes de forte adaptabilité pour y faire face. La difficulté consiste à produire mieux et plus avec un personnel à forte rigidité technique due à sa qualification de départ avec un temps de travail qui se réduit. Bien évidemment, l'embauche de nouveaux salariés peut pallier en partie cette difficulté, qu'il semble souvent difficile de résorber en totalité. Le chef d'entreprise va donc rechercher une utilisation optimale des moyens techniques et humains en essayant de trouver les meilleures combinaisons possibles. À ce stade de notre propos, précisons les différents termes qui vont faire l'objet de notre étude et pour lesquels nous réexaminerons la teneur en fonction des aspects de la polyvalence professionnelle.

Qualification (d'une personne). Appréciation sur une grille hiérarchique de la valeur professionnelle d'un travailleur, suivant sa formation, son expérience et ses responsabilités. Plus que la simple considération d'un individu au travail, il s'agit de la capacité à gérer individuellement l'ensemble des éléments de valeur constituant son travail, de façon à atteindre les objectifs fixés.

L'aspect dynamique de l'individu, propre décideur de ce qu'il fait, est prise en compte ici. L'accent est mis sur le sujet « individu » et intègre des dimensions de savoir-être et de développement possible de la personnalité.

> **La qualification est un processus dynamique d'évolution.**

Il est toujours complexe de cerner les contours de la qualification. Si l'on s'en tient à l'approche purement liée à l'éducation et à la formation de départ, le seul diplôme suffit à qualifier l'individu, ce qui peut s'avérer parfois vrai. Toutefois, il est préférable d'adjoindre au mot « qualification », le mot « apprentissage », qui engendre pour la qualification un certain nombre d'autres éléments qui sont, à notre avis, fondamentaux par rapport à la qualification de base.

Lorsque l'on parle d'apprentissage, par rapport à la qualification, il est nécessaire de considérer qu'il y a un commencement, suivi d'une évolution permanente. Ainsi, chaque jeune sur le marché du travail est potentiellement qualifié dans la mesure où il entre dans ce processus. La qualification n'est pas une notion figée, statique, mais plutôt un processus dynamique d'évolution.

L'antériorité professionnelle est importante. Elle constitue un réservoir d'expériences ; n'avoir aucune pratique dans la discipline concernée peut être surmonté par la volonté réelle d'intégration et d'évolution. D'où la présence effective du mot « appréciation » que l'on trouve dans la définition de départ ; ce terme renvoie forcément à plusieurs autres notions telles que l'évaluation qui est l'expression de la valeur professionnelle d'un individu et la **classification** liée à la hiérarchisation des rémunérations, que l'on peut citer comme synonyme de la qualification.

Emploi. Occupation professionnelle confiée à une personne. Il correspond à une place dans la division du travail définie par la capacité intellectuelle et physique d'accomplir des tâches précises dans le cadre d'une classification relevant d'une grille hiérarchique.

Cette définition met en évidence une contradiction essentielle : l'expression « occupation professionnelle » permet l'ouverture possible vers d'autres formes de qualifications souhaitables afin de remplir au mieux les tâches dévolues. Parler de classification dans une grille hiérarchique rend inopérante toute possibilité d'ouverture. Si l'on traduit le mot « emploi », on se situe dans un cadre réglementaire qui assure une précision dans les valeurs et les capacités. La rémunération afférente qui le constitue assure ainsi une base réglementaire ou légale. Cette base n'offre pas la possibilité, sauf dérogation, de se porter sur d'autres aspects tels que les éléments de qualification dont on peut avoir besoin pour assurer une authentique polyvalence professionnelle.

Profession. Activité régulière exercée pour gagner sa vie, la profession s'organise suivant une appellation commune (médecin, enseignant, comptable, etc.). On dit de cette activité qu'elle est « régulière ». À partir du moment où il y a une activité irrégulière, on ne peut plus parler de profession au sens strict du terme. Dans le cadre de la polyvalence professionnelle, des individus peuvent être amenés à accomplir certaines tâches appartenant à une autre profession, de façon irrégulière, intermittente, ponctuelle, voire exceptionnelle, d'où l'ambiguïté renforcée de qualifier un état de polyvalence à partir du moment où l'activité est irrégulière. La polyvalence professionnelle se nourrit d'activités exercées irrégulièrement. De ce fait, il est essentiel d'aborder la polyvalence dans le cadre des professions.

Poste de travail ou fonction. Ensemble de tâches précises nécessaires à l'accomplissement d'un travail, situé par rapport aux autres, dans une organisation. Les tâches sont regroupées par spécialités professionnelles.

Nous sommes dans une approche du travail taylorisé où l'on retrouve également la notion d'affectation au sens géographique du terme. En France, le concept de poste de travail est important ; c'est sur cette base que les conventions collectives sont définies. Elles déterminent en particulier les qualifications nécessaires pour l'occuper, et fixent les grilles hiérarchiques indiciaires. Les entreprises sont tenues par la loi d'appliquer intégralement les dispositions conventionnelles relatives au poste de travail issues des conventions collectives.

Le grand mérite du poste de travail est d'apporter un concept relativement clair afin d'élaborer des textes de base pouvant s'appliquer à un grand nombre d'entreprises ou aux entreprises d'une branche professionnelle. Comme tout élément technique et **a fortiori** à caractère juridique, il apporte la sécurité mais aussi la rigidité qui l'accompagne.

> **Le poste de travail apporte la sécurité mais aussi la rigidité qui l'accompagne.**

Là aussi notre propos n'est pas de remettre en question, par la polyvalence professionnelle, ce qui apparaît comme un avantage acquis ou un progrès social, bien au contraire ; l'intérêt consiste plutôt à rechercher en quoi l'existence de la polyvalence professionnelle peut faire avancer le concept de poste de travail. Ceux qui la réclament ou l'exercent ne trouvent pas toujours satisfaction dans les textes existants.

Le poste de travail est donc un moyen privilégié d'identification de la personne qui l'occupe. On connaît ainsi ses attributions, ses responsabilités et sa situation dans la hiérarchie. Toute l'activité qui en découle résulte de ces éléments et de leur mise en œuvre dans le cadre de textes réglementaires ou d'énumérations à partir de ce que l'on peut désigner par fiche de poste ou fiche de fonction.

Métier. Profession caractérisée par une spécificité exigeant une formation, de l'expérience, de la compétence, entrant dans un cadre légal, mais aussi toute activité dont on tire des moyens d'existence.

C'est un aspect de l'organisation du travail dans laquelle les capacités de l'individu constituent une norme sociale de reconnaissance. En réalité, le métier est la forme sociale authentiquement reconnue et appréciée. Il fait référence aux éléments précis qui en font sa spécificité au sein de l'entreprise par les attributs qui le caractérisent. Si l'on reprend l'exemple des enfants au début du chapitre, c'est bien aux métiers qu'ils faisaient allusion, chaque métier étant définissable et reconnaissable par tous en fonction de notre représentation. Multiple, elle peut partir d'éléments extérieurs tels qu'un habillement précis, des attitudes, des compétences à mettre en œuvre et surtout en fonction des résultats obtenus. Dans l'esprit des enfants, et aussi des adultes, il est hors de question que le pompier n'éteigne pas le feu, que le médecin ne soigne pas, etc. Au-delà de l'image première reçue par l'extérieur, il y a aussi l'ensemble des éléments ou idées que l'on se fait d'un métier, qui confère à certains d'entre eux un prestige ou une cote de popularité extraordinaire.

Compétence. À l'heure actuelle, on ne peut parler du travail sans évoquer le concept de compétence. Le sujet traité par de nombreux auteurs est si vaste et étendu qu'il serait illusoire d'en faire le tour complet. Nous nous bornerons donc à ne traiter la compétence que dans le cadre de la polyvalence professionnelle.

Une définition simple de la compétence serait la possession de connaissances approfondies et la capacité d'en bien juger. D'un point de vue psychologique, on peut la ramener à un comportement par rapport à une tâche donnée. La compétence renvoie ainsi à toute idée de qualités personnelles faisant référence à des capacités cognitives et comportementales. D'un point de vue managérial, on peut lui attribuer une capacité de réponse positive et de résultat satisfaisant par rapport à une tâche donnée. D'un point de vue pédagogique, on peut la soumettre aux références du savoir, du savoir-faire, du savoir-être.

Pour notre approche, la compétence est relative à un métier tel que nous l'avons précisé, elle est singulière et accolée aux attributs du métier qu'elle est censée représenter. En réalité, la compétence est à la base des données du métier, elle est évolutive, ce qui va entraîner, de la part de certains individus, la possibilité de passer sur la compétence d'autres métiers pour lesquels il faudra en tout ou partie maîtriser des connaissances à un niveau suffisant pour être véritablement opérationnel. On pourra ensuite imaginer d'autres formes de compétences et par là même passer les frontières du métier de base.

> ▶ **C'est en analysant la compétence du métier que l'on glisse progressivement vers d'autres métiers.**

C'est en analysant la compétence du métier que l'on glisse progressivement vers d'autres métiers. Cette vision est fondamentale dans l'analyse de la polyvalence professionnelle car à partir des débats actuels sur la compétence, où d'ailleurs tout est permis en matière d'ouverture professionnelle, on peut entamer notre propos au sens réel du terme.

Jusqu'ici, l'ensemble des définitions précédant la compétence ont fait allusion à des segmentations quasi institutionnelles du travail, assurant une grande sécurité, avec tout le mérite qui en découle. Cet ensemble reste trop fermé, trop rigide, trop étroit et surtout peu ou pas ouvert à de nouvelles formes d'organisation du travail, et traduit notre frustration et notre difficulté pour aborder réellement le sujet.

C'est grâce aux débats sur la compétence que nous pouvons aborder la polyvalence professionnelle. Outre des éléments propres à la compétence, nous pouvons examiner l'individu au travail de manière pluridimensionnelle. Notre approche se veut mixte : elle concerne à la fois l'individu mais aussi la structure dans laquelle il évolue. Ne voir dans la polyvalence professionnelle que le côté de l'individu, sans examiner le contexte de la mise en œuvre de ses multicapacités, c'est oublier en grande partie que dans le monde du travail rien ne se décrète spontanément sans que l'ensemble des acteurs interviennent. C'est donc un ensemble de faisceaux de convergence qui crée un état d'esprit particulier propice à la réflexion et, surtout, qui permet de considérer les individus répondant et surpassant les critères classiques du métier pour leur rendre l'honneur de leur mérite.

Ces définitions sont donc, pour le salarié ou l'employeur, autant de pistes pour la recherche d'une combinaison optimale des moyens de production. Chaque rupture dans la ligne de production, du seul fait de l'impossibilité de disposer de compétences, peut se porter ponctuellement ou définitivement sur plusieurs points de la ligne et engendrer des difficultés techniques aux conséquences graves. C'est le cas des salariés absents (maladie, congés, formation, aménagement et réduction du temps de travail) et dont on ne connaît pas les attributions car, tout simplement, personne ne les a remplacés auparavant. Un seul être vous manque est c'est vraiment la zizanie. Telle est la réflexion de nombreux chefs d'entreprises ou responsables d'équipes qui voient arriver les absences avec angoisse, dues aux ruptures de l'hyperspécialisation du travail et à la compartimentation de la production, formant des zones de forte incertitude.

Comment éviter ces ruptures, sachant que chaque individu est doté de compétences qui ne sont par facilement transférables, surtout pour un laps de temps court ? La solution qui vient de suite à l'esprit réside dans la polyvalence professionnelle.

Le concept est ambigu et apparaît (à tort) difficile à mettre en place. Pourtant, il peut prendre des caractères variés. Nous nous attacherons, au cours des chapitres suivants, à le démystifier et le rendre accessible au plus grand nombre afin d'éviter, comme le disait un chef d'entreprise, « qu'il y en ait un qui sait et dix qui cherchent tout et n'importe quoi, surtout pendant les congés et les absences ».

LES SALARIÉS EN QUÊTE DE NOUVELLES EXPÉRIENCES PROFESSIONNELLES

La maîtrise de ses compétences, du fait de son expérience et de son savoir, donne au salarié la sécurité d'une situation connue. Peu nombreux sont les individus qui aiment le changement et qui veulent relever des défis. Chaque individu accumule un savoir et un apprentissage, parfois dur et long. Ce n'est donc pas pour le remettre en cause perpétuellement sans avoir l'assurance d'avoir en retour, ne serait-ce que le salaire, ou du moins l'estime dont il a droit, ni de risquer de perdre des avantages acquis. De même, le chef d'entreprise ou le manager, qui tarde à mettre au point une organisation du travail parcellisée, spécialisée, conçoit difficilement une telle remise en cause du seul fait des absences de certains salariés, ou simplement du manque de compétences temporaires sur certains points de la ligne de production.

Une fois ces réalités posées, il est nécessaire de prendre en considération les éléments liés aux avantages de la polyvalence professionnelle. Tout changement d'activité entraîne évidemment des modifications de logiques de raisonnement et d'attribution de responsabilités. La modification de modes opératoires, au-delà du simple changement, entraîne et fait encourir des risques importants à ceux qui les prennent. Il est anormal de laisser des situations assez paradoxales où ce sont certains salariés eux-mêmes qui sont demandeurs d'expériences nouvelles, d'acquisition de compétences supplémentaires ou de possession de qualifications nécessaires pour exercer un métier en plus de leur métier de base.

La gestion des motivations et la division du travail

La période passée a été organisée en fonction d'une dimension technique du travail et une rationalisation des tâches réduisant l'homme au rang de moyen technique de production en complément des machines traditionnelles. Sachant cette volonté d'épanouissement des individus au travail et cette élévation constante de leur niveau intellectuel, il était nécessaire d'examiner ce qui pouvait modifier leur comportement, en particulier en se portant sur des situations de polyvalence professionnelle.

Maslow fut le premier à analyser l'être humain comme une créature tendue vers le plus grand développement possible et s'efforçant de satisfaire au mieux ses besoins (dite pyramide de Maslow). Par la suite, McGregor poursuivit l'analyse avec la théorie X, plus proche de la bureaucratie, donc de la frustration, et la théorie Y, encourageant la participation du personnel et la diffusion des responsabilités. Puis, le psychologue américain, Hertzberg, montra que l'élévation du niveau de satisfaction était toujours liée à un changement significatif de l'activité de travail proprement dite. Toutes choses égales et normales par ailleurs (salaire, sécurité de l'emploi, conditions de travail, etc.).

Il y aurait, selon Hertzberg, changement vraiment significatif à partir du moment où les tâches confiées aux individus auraient été substantiellement enrichies, de sorte que ceux-ci aient réellement la possibilité de satisfaire la part noble de leurs besoins : accomplissement de soi, prise de responsabilité, reconnaissance, progression, etc.

Pour notre étude, il est *indispensable* que la polyvalence professionnelle corresponde aux critères ci-dessus, au risque de passer à côté de choses fondamentales que chacun d'entre nous perçoit pour sa vie.

En d'autres termes, l'évolution du comportement se réalise à partir d'éléments de différenciation, puisés dans la division du travail si elle est bien organisée. Bien souvent, elle s'avère insuffisante pour beaucoup d'individus car le système est cloisonné et l'avancée technologique est telle qu'elle requiert des individus très pointus dans un domaine précis, et des généralistes capables d'intervenir à différents niveaux de la ligne de production. Ce phénomène, purement bureaucratique, dans lequel la division du travail et l'autorité évoluent, a été largement critiqué par Maslow car les individus sont détenteurs de ressources et de capacités d'engagement qu'il ne tient qu'aux responsables d'apprendre à mobiliser.

> **Les individus sont détenteurs de ressources et de capacités d'engagement.**

Comme dans le passé, aussi bien Taylor que Ford l'ont démontré, la meilleure productivité possible s'obtient en combinant au mieux des tâches parcellaires, répétitives, dans lesquelles le salarié ne cherche que la satisfaction des besoins mineurs de base. Aujourd'hui, ces analyses sont encore en partie vraies mais, dans beaucoup de cas, complètement dépassées.

Percevoir dans le travail un système de satisfaction et d'épanouissement semble réduire les théories de Maslow et suivants à pure utopie. On peut même, comme Gareth Morgan, comprendre que le comportement humain ne va pas toujours dans le sens d'un développement psychique harmonieux. Il cite Taylor, qui était un obsédé du contrôle et de la discipline. L'individu peut donc très bien s'accommoder, de manière paradoxale, de tâches insatisfaisantes et de situations fort contraignantes. Tout laisse à penser que le travail n'est pas forcément une source d'élévation, d'épanouissement et de satisfaction. *A contrario*, dans le cas de la multipolarité professionnelle, revenons aux thèses de Maslow et suivants, avec quelques aménagements en fonction de l'organisation du travail, telle qu'on l'entrevoit en ce début de XXIe siècle. Le comportement de l'individu n'exprime pas toujours la volonté de s'élever ou de s'engager mais plutôt celle de choisir la protection, un certain conformisme, une certitude dans la permanence contre la liberté. Ce n'est pas une raison suffisante pour y adhérer complètement.

La gestion des motivations et l'adaptabilité professionnelle permanente

Première idée. Le modèle de spécialisation n'offre pas la garantie de totale efficience notamment dans un programme de modernisation.

Deuxième idée. Le modèle de spécialisation se révèle contre-productif dans la mesure où les individus doivent s'adapter en permanence à des situations nouvelles dont ils ne maîtrisent presque rien.

Troisième idée. On ne peut pas séparer la structure en deux systèmes dualistes selon lesquels les individus évoluent de façon irrationnelle par rapport à une organisation rationnelle.

Ces idées, à l'opposé de la division scientifique du travail, font émerger la notion de polyvalence des métiers. Les aléas d'un marché très volatil vont donc obliger les salariés à faire preuve d'adaptabilité constante et croissante, par une remise en cause permanente de leurs capacités, mettant en évidence la force de flexibilité constante de l'organisation.

Parler de division du travail semble désuet, anachronique et dépassé à un moment où l'environnement et la concurrence accrue conduisent l'entreprise à une adaptabilité permanente des individus sur d'autres types d'activités. Pour cette raison, c'est en terme sociologique que nous abordons la structure, la qualifiant de système organique, par une meilleure intégration face à la concurrence.

> **La motivation devient constitutive du capital technique de la structure.**

Ainsi, la motivation des individus est-elle une base culturelle essentielle pour l'expression de leurs besoins les plus élevés mais aussi un moyen de survie de la structure. Elle devient constitutive du capital technique de la structure. Les managers sont donc contraints de revoir les règles hiérarchiques basées sur l'autorité pour les adapter à une logique de l'accord multilatéral. La polyvalence professionnelle facilite donc la motivation et modifie les rapports humains dans l'entreprise. Cet état d'esprit n'est pas nouveau, de tous temps certains individus ont voulu surpasser leurs capacités pour diverses raisons, parmi lesquelles on peut citer :

■ *La connaissance, l'apprentissage de nouveaux postes de travail*

Se positionner sur de nouvelles fonctions permet de mieux appréhender le processus de production et de mieux comprendre ses fondements en situant l'intérêt de son propre poste de travail par rapport à tous les autres. Cette démarche, originale, a le mérite d'aider le salarié, tant à se situer dans son contexte professionnel qu'à mieux cerner l'importance faible ou forte de son travail. Elle induit chez lui un comportement différent qui peut le porter à se remettre en question et à favoriser l'acquisition de nouvelles compétences. La question n'est pas banale, de nombreux témoignages l'attestent, si un travailleur se trouve coupé de la finalité de son travail, son efficacité ou son intérêt pour celui-ci sera fortement altéré, pour ne pas dire dénigré. De plus en plus de salariés ont un besoin de reconnaissance réelle au-delà du fait qu'ils travaillent pour gagner leur vie. La fierté du travailleur n'est pas un vain mot à l'heure où l'hyperspécialisation est de rigueur. C'est pour éviter d'être compartimenté à l'intérieur d'une fonction ou d'un poste de travail qu'il est intéressant de sortir et de comprendre d'autres aspects de la production, et aussi d'intervenir à d'autres niveaux.

■ *Le plaisir, la passion*

On peut partir à la découverte d'autres métiers à l'intérieur de la structure et y voir un réel intérêt pour soi-même.

Le contexte professionnel, et plus largement la structure dans laquelle on évolue, n'est pas seulement un lieu où l'on tire les moyens de son existence. Pour certains, le travail est aussi un moyen d'apprendre, de comprendre et de découvrir des aspects particuliers auxquels on ne pense pas, sauf si l'on est dans une structure ouverte à ce type de réflexion. Tout comme il est intéressant pour des jeunes de faire des stages en entreprise, il est également intéressant pour un salarié d'une entreprise d'aller à la découverte de toutes les particularités qu'elle recèle. Cette démarche, non anodine, permet au salarié de découvrir d'autres métiers ou tâches qu'il n'a pas l'habitude de voir à cause de la sacro-sainte spécialisation, issue du taylorisme, que nous évoquions précédemment. On peut donc partir à la découverte d'autres métiers à l'intérieur de la structure et y voir un réel intérêt pour soi-même, voire même changer de métier ou, pour ce qui nous concerne, acquérir une qualification supplémentaire.

La démarche purement hédoniste a du sens dès lors que le salarié constate qu'il peut trouver dans son travail autre chose que l'intérêt lucratif. Gagner sa vie peut être doublé de la recherche d'une certaine satisfaction qui n'est pas inutile. Dans cette approche, il faut y voir l'intérêt pour le chef d'entreprise ou le manager de susciter, chez certains salariés, l'envie de se porter candidats, temporairement ou définitivement, sur d'autres activités. Ces candidats constituent un réservoir de compétences mobilisables pour éviter les fameuses ruptures de la ligne de production.

■ *Le désir de progresser*

La polyvalence professionnelle peut être assimilée à un sas intermédiaire entre l'ancien et le nouveau métier.

L'ouverture vers d'autres fonctions peut aussi, dans un premier temps, apparaître comme une possibilité de changement au sens positif du terme. Aller vers d'autres métiers peut être vécu comme un désir légitime de progression et d'amélioration de sa situation d'origine. L'avantage de la polyvalence réside dans la possibilité offerte à certains salariés de pouvoir accumuler du savoir et de l'apprentissage sur des spécialités autres que celle de départ. Cette opportunité n'est pas négligeable, d'autant plus qu'il est assez difficile de changer de métier ; une ouverture en terme d'accession à d'autres fonctions, même après une formation succinte, est considérée comme un excellent moyen de transition.

Dans cette hypothèse, la polyvalence professionnelle peut être assimilée à un sas intermédiaire entre l'ancien et le nouveau métier et l'occasion de capitaliser les deux compétence requises. De même, l'employeur ou le manager peut souhaiter connaître les volontés et les capacités des salariés voulant progresser. Le changement de métier n'est pas toujours automatique et peut prendre des mois, voire des années. La simultanéité de deux fonctions, en raison d'un temps partiel, peut se justifier afin de préserver les deux fonctions, mais aussi dans l'attente d'un passage à temps complet. La progression n'est pas aisée et rapide. En conséquence, la solution intermédiaire de mixer les deux fonctions est un excellent moyen d'attente pour réfléchir sur le bon choix et pour organiser la transition.

■ *Le besoin d'avoir une ou plusieurs qualifications : une sécurité*

Plus le degré d'autonomie est important plus la satisfaction personnelle peut être forte.

Accumuler du savoir et du savoir-faire dans sa vie professionnelle donne plus d'ouverture et de facilité, aussi bien sur le marché du travail que sur d'autres fonctions, au sein de l'entreprise. Posséder les qualifications de plus d'un métier est communément admis. Le besoin de sécurité s'avère, de nos jours, de plus en plus important. De nombreux salariés, cadres et non cadres, ressentent la nécessité d'une plus grande autonomie dans leur fonction. Ils évitent de faire appel systématiquement aux autres ou de laisser de côté un travail qui pourrait être terminé, arguant la maîtrise globale de l'ensemble des tâches pouvant être accomplies par un seul individu. Plus le degré d'autonomie est important plus la satisfaction personnelle peut être forte et susceptible de création et de progression. En période d'aménagement et de réduction du temps de travail, il est concevable que la part d'initiative personnelle puisse être renforcée au profit de l'hyperspécialisation et au cloisonnement rigide de la fonction.

Ce besoin de sécurité est devenu une norme établie dans l'esprit managérial. Il est admis de pouvoir dépasser ses capacités en raison de la mouvance du marché et de la variation de la demande. Ainsi, certains salariés vont rechercher systématiquement l'occasion de rebondir sur des activités différentes car il peut y avoir nécessité ou urgence à répondre de façon dynamique et efficiente aux questions nouvelles présentant un défi majeur. Ces salariés, parfois démunis, auront tendance à chercher cette sécurité par l'apport, souvent permanent, que constitue l'acquisition de nouvelles compétences sur des métiers qui ne sont pas forcément présents dans l'entreprise ou qui présentent un caractère novateur.

S'il existe des situations professionnelles aussi diverses qu'originales, comme la polyvalence professionnelle, c'est qu'elles répondent à un besoin. En conséquence, que l'on soit farouche adversaire ou fier défenseur de la polyvalence professionnelle, la réalité des entreprises, des associations et des structures publiques, qui essaient, outre le besoin de résoudre leur problème de production, d'aider des salariés motivés, est à prendre en compte.

2

VERS QUELS MODES
DE POLYVALENCE S'ORIENTER ?

LA POLYVALENCE N'EST PLUS UNE EXCEPTION !

Dans le chapitre précédent, les facteurs explicatifs de la polyvalence, on l'a vu, se justifient dans le contexte économique et organisationnel de l'entreprise (structure). À ce stade, apparaissent encore de nombreuses incertitudes sur le terme de polyvalence. Différentes approches vont nous permettre de mieux le cerner.

Le concept de polyvalence n'est pas simple, il revêt de multiples définitions, il pourrait même y en avoir autant que de personnes interrogées. Polysémique, il renvoie aux valeurs et caractéristiques du travail effectué par les salariés et aux présumées possibilités d'interventions sur la ligne de production.

La polyvalence professionnelle existe depuis longtemps, faisant apparaître des notions originales avec le décloisonnement qu'elle représente, résultat d'un subtil compromis d'efficience et d'ouverture pour atteindre les objectifs fixés et relever des défis majeurs. Pour certains salariés, c'est la possibilité de se mouvoir sur des champs d'activités professionnelles autres que ceux habituellement dévolus par leur travail ou leur métier.

Nous examinerons aussi la multivalence et la polycompétence, considérées comme des concepts voisins de la polyvalence professionnelle.

La multivalence : une approche globale

La multivalence correspond à la vision globale d'un élargissement des tâches originellement dévolues à un salarié et développées par une capacité supérieure d'intervention sur d'autres points de la ligne de production. Ce dernier sera capable de maîtriser plusieurs aspects d'un processus de production ou en mesure de conduire des systèmes techniques.

La multivalence offre ainsi l'opportunité, pour le salarié, d'intervenir sur d'autres postes ou de modifier le contenu de son propre poste, tout en restant sur son activité de base. Il exploite différemment les multiples facettes de son métier, combine d'autres opérations pour maîtriser d'autres points de la ligne.

Peut-on parler de déstructuration du travail ? Il s'agit plutôt de recomposer son approche globale et non d'abandonner sa qualification pour devenir un « touche-à-tout » ; de développer, non pas de nouvelles compétences, mais d'assurer, par ses connaissances et sa capacité d'adaptation, le décloisonnement de son poste de travail pour aller vers un autre.

La multivalence est parfois décriée ; on peut observer une déqualification du salarié, voire une déspécialisation, avec perte d'identité professionnelle et une dévalorisation de son rôle, entraînant une perte de repérage institutionnel. Vraie question mais faux problème car ne jamais faire que ce que l'on sait faire depuis toujours pour protéger son poste de travail est, à terme, la source de son érosion. La multivalence n'offre pas la richesse de l'acquisition d'un autre métier, elle est la représentation de la réactivité du travailleur, de son ouverture d'esprit et de ses facultés d'adaptation à d'autres aspects du processus global de production. Dans cette rotation de postes, l'importance de l'attrait de la nouveauté va dépendre d'un individu à l'autre.

On l'a vu, le « confort » du changement est toujours relatif, voire dérangeant. Il peut, dans un premier temps, surprendre ; dans un second temps, apparaître comme régulier et acceptable. La possibilité offerte de voir ce qui se passe dans les autres services est donc une formidable opportunité de compréhension et d'épanouissement personnel, doublée de la continuité de l'exploitation de la ligne de production, si chère au manager.

La multivalence constitue le pilier de ce que beaucoup d'individus ont toujours voulu faire, connaître, savoir, ou mettre en place pour élargir leur point de vue. Ce n'est pas en sachant plus que l'on est forcément plus compétent ; cependant, on se place sur une voie qui permet au mieux d'acquérir de nouvelles compétences. Changer de poste de travail présente donc une aisance professionnelle pour les salariés qui veulent connaître d'autres aspects de la production ou simplement avancer pour se positionner sur une autre trajectoire professionnelle.

Les managers sont, évidemment, fortement demandeurs d'individus multivalents. Ils présentent l'avantage d'enrichir, dès le départ, les contenus des postes de travail, de s'adapter à d'autres tâches pas forcément très intéressantes. Cet atout permet aux chefs d'entreprise de lisser des coûts de main-d'œuvre.

Chaque poste de travail occupé ou chaque métier exercé présente des aspects positifs et intéressants et, en contrepartie, des aspects négatifs et inintéressants, nul ne peut le nier. Toutefois, il est inadmissible de considérer la rotation des postes uniquement sur ses aspects négatifs. Cette vue de l'esprit nuit fortement à l'image de la multivalence considérée comme catastrophique et se traduit par un quasi-refus de considération ou d'acceptation des salariés concernés. Cette difficulté s'apparente à celle rencontrée par les stagiaires à qui l'on confie des tâches subalternes et sans intérêt, dénuant ainsi la situation d'intérêt et de progrès.

Penser la multivalence dans un intérêt pécuniaire pour la structure, ou de bouche-trou sans importance pour le salarié, n'apporte rien et produit l'effet totalement inverse de celui escompté. La multivalence n'est pas réellement l'acquisition d'une nouvelle qualification. Ce n'est pas parce que l'on change de poste que l'on est plus qualifié, sauf si le fondement du travail est différent. Dans ce cas, il ne s'agit plus de multivalence.

La multivalence est la représentation d'une autre façon d'organiser son travail, de mobiliser sa qualification d'origine en fonction du poste de travail occupé. Il ne s'agit pas de parler de métier différent mais d'adapter son savoir et son expérience de manière originale pour remplir au mieux les obligations liées à ce nouveau poste. La multivalence n'exige pas de qualification supplémentaire ou d'apprentissage lourd et fastidieux. C'est plutôt une possibilité offerte à l'individu de sortir de la routine de son travail, d'aborder d'autres aspects de son métier tels que des horaires différents, de côtoyer des nouvelles équipes, de rencontrer d'autres types de problèmes professionnels que l'on avait oubliés ou de répondre à la demande de ses supérieurs sur un besoin organisationnel. La multivalence ne peut donc être assimilée à la maîtrise d'un autre métier car elle n'en présente pas la teneur ni même le fondement.

> La multivalence ne peut donc être assimilée à la maîtrise d'un autre métier, elle n'en présente pas la teneur ni même le fondement.

La question essentielle réside plutôt dans la difficulté de la faire accepter par certains, en raison des fameux freins au changement et de l'image floue qu'elle véhicule. Dans certains cas, cette mauvaise image peut causer des difficultés aux salariés contraints de l'accepter. Cependant, la polyvalence ne se décrète pas spontanément ; elle est le fruit d'un long travail de réflexion qui démarre dès le contrat de travail et qui s'organise au long de la vie professionnelle de chaque individu.

La multivalence semble constituer le socle même de l'adaptabilité d'un individu (cadre ou non cadre) du seul fait qu'elle ne porte aucun changement profond sur son métier. Elle est beaucoup plus un état d'esprit qu'une forme aiguë d'apprentissage. Trop de managers la délaissent et la mettent en route spontanément, au grand désarroi des salariés. Cette mise en place nécessite un besoin d'organisation mûrement réfléchie et non des directives autoritaires et spontanées. Demander à un individu de changer de poste sans réflexion préalable, sans mention dans le contrat de travail, peut aboutir à un rejet systématique ou simplement à une mauvaise exécution du travail souhaité.

> Un multivalent est un individu susceptible de changer de poste sans pour autant changer de métier. Le caractère multivalent s'opérant dans son aisance d'adaptation à de nouvelles contraintes ou de nouvelles situations.

La polycompétence

La polycompétence est un maillage de compétences issues de savoirs mobilisables sur plusieurs fonctions ou postes de travail de la structure. Elle constitue un pas important dans la reconfiguration des emplois et métiers dans le sens où elle apporte des aspects propres à l'individu afin de répondre de façon satisfaisante à un besoin d'accomplissement de tâches nécessitant la mobilisation de savoir, de savoir-faire et de savoir-être adaptés au contexte.

De plus grande amplitude que la multivalence, outre le changement de poste, l'individu dispose d'un degré d'initiative et de liberté d'intervention par rapport au problème rencontré.

La multivalence présente l'aisance et la facilité d'un changement simple. Elle reste toutefois à l'intérieur des frontières du métier, alors que la polycompétence peut se porter sur des schémas d'organisation du travail avec des connaissances transverses. Cette transversalité s'exprime en termes de qualifications liées au travail et d'expérience de secteurs d'activités différents centrés sur le métier de base (ou d'un ou plusieurs autres métiers), que la qualification soit complète ou non.

La polycompétence fait donc appel à l'apprentissage et au capital d'expériences, acquis par l'individu dans le passé et le présent mais aussi à l'extérieur et à l'intérieur du service ou même de la structure.

Exemple

Les cas d'un comptable, d'un commercial, d'un plombier
Un comptable peut avoir des connaissances poussées en informatique réseau
car il possède les connaissances minimales de base sans pour autant avoir la
qualification d'informaticien réseau ; un commercial, avoir de bonnes connaissances en comptabilité, sans pour autant maîtriser totalement la qualification
de comptable ; un plombier avoir de bonnes connaissances en électricité ou
en électronique, sans pour autant être qualifié d'électricien ou d'électronicien.

Avec la polycompétence, un pas important est franchi qui permet aux
salariés de prendre des initiatives à leur niveau sans toutefois en référer
systématiquement au supérieur hiérarchique. Ce n'est pas là outrepasser leur fonction mais, tout simplement, avoir la capacité d'intervention, telle que leur compétence les y autorise, avec un résultat satisfaisant.

La polycompétence favorise la multivalence par la rotation de postes
similaires mais aussi par la rotation de postes différents, dans la mesure
où la compétence est authentique et vérifiée, et surtout suffisante pour
remplir avec satisfaction les tâches minimales sans faire appel à un
spécialiste d'un autre métier. L'individu dispose donc de capacités de
captage, de mobilisation et de restitution d'éléments de compétence
lui permettant d'intervenir sur des aspects différents de la ligne de
production, autres que ceux habituellement traités dans le cadre de son
métier de base.

La polycompétence constitue l'un des principes de mixage, donc de
modernité, qui caractérise aujourd'hui la gestion des ressources humaines. Elle est souvent à la base de l'introspection des métiers et de leur
projection vers le futur. On ne peut plus imaginer la stagnation de la
qualification de base d'un métier sans qu'il y ait une adjonction d'éléments de compétences supplémentaires provenant d'un ou plusieurs
autres métiers. L'évolution des métiers se fait notamment par le
mélange des compétences sur un maillage marqué à la fois de subjectivité et d'objectivité.

*La polycompé-
tence constitue
l'un des principes
de mixage, donc
de modernité,*

• La subjectivité se caractérise par l'ouverture et la possibilité pour
certains d'intégrer rapidement de nouveaux éléments de compétences
en raison de leur aptitude et de leur volonté d'évoluer et de faire évoluer leur métier. Dans les années quatre-vingt, certains salariés ont
rapidement adopté l'informatique alors que, pour d'autres, cet outil
reste encore aujourd'hui étranger à leurs habitudes de travail.

• L'objectivité se caractérise par le souci de coller aux réalités économiques et à la volonté de ne pas prendre de retard par rapport à la
concurrence. Ainsi, les langues étrangères sont de plus en plus deman-

dées pour répondre efficacement à l'ouverture des marchés internationaux.

La polycompétence accentue la vigilance professionnelle par une posture d'éveil qui favorise la mise en œuvre d'éléments différents. Elle contribue à optimiser tout processus de production. La réactivité professionnelle ainsi créée constitue une base solide d'initiation permanente, de constante amélioration et de recherche de perfection. Elle est considérée comme une composante de l'employabilité interne, par l'affectation sur d'autres postes ou la promotion, et de l'employabilité externe, par le positionnement sur le marché du travail, avec des éléments de compétence supplémentaires par rapport au métier de base. C'est un plus non négligeable.

La polycompétence facilite l'évolution ; maîtriser des éléments de compétence d'autres métiers ou qualifications permet l'engagement dans un processus de formation consolidant l'ensemble. Elle favorise également la confiance en soi car elle projette l'individu vers l'inconnu et lui permet de vaincre ses craintes de ne pas arriver à maîtriser les aspects du processus de production qui lui incombent. La prise de responsabilités qui en découle ne doit pas transformer l'individu en un être omnipotent, omniscient, individu indispensable, incontournable, apte à remplir toutes les tâches connexes à son métier de base, sous prétexte qu'il n'est pas obligatoire qu'il possède la totalité des qualifications nécessaires ou requises. Par son caractère universel, la multicompétence présente un risque majeur. Elle tend à transformer des individus capables d'intervenir fréquemment au point qu'il devient ensuite impossible de déterminer exactement où commencent et finissent leurs prérogatives et possibilités d'intervention.

La polycompétence est la tenue d'un seul poste ou de plusieurs postes différents ; des éléments de compétence diffus interviennent. La possession de la qualification totale d'un ou plusieurs autres métiers différents du métier de base n'est pas une obligation. Toutefois, la possession de la qualification totale est, évidemment, concevable.

Autant la multivalence peut-elle s'apparenter à une mobilité interne par la tenue de plusieurs postes ne demandant pas de compétences différentes, autant la polycompétence peut constituer un véritable supplément par rapport au métier de base. La question est donc de savoir comment la mesurer et la rémunérer.

La polycompétence est un moyen de s'avancer vers le posttaylorisme et de formaliser d'autres systèmes de prise en compte des capacités individuelles. Elle est à la fois innovante mais aussi tout à fait banale. En effet, quoi de plus normal que d'évoluer en intégrant d'autres éléments de compétence. On ne peut penser un métier totalement figé par l'individu qui l'exerce sous le seul prétexte qu'il est détenteur des attributions de son poste. À la limite, l'inverse, la stagnation, pourrait être considérée, à terme, comme une régression. Dans ce cas, la polycompétence apparaît comme obligatoire, au risque, pour l'individu, d'être déqualifié, le poste ayant perdu son sens et sa substance.

La polycompétence n'est donc pas une polyspécialisation. Elle trouve sa raison d'être sur une multitude de terrains d'application mais aussi sur le sens réel et continu de l'évolution des métiers par l'acquisition de savoirs, l'intégration de savoir-faire et la maîtrise de savoir-être.

Les sources peuvent donc être multiples, représentées par les connaissances scolaires, universitaires, les antécédents familiaux, la personnalité, les hobbies, les aptitudes physiques, etc., et, comme disent certains, la peur de ne pas y arriver ou de ne pas être à la hauteur. L'examen et la rémunération sont donc complexes car l'on sort des schémas traditionnels de la qualification pour amalgamer des éléments épars, difficiles à rassembler et à dénombrer. Le plus souvent, cette démarche trouve son origine dans la volonté de l'individu d'améliorer son travail ou sa condition et de les restituer de façon ordonnée dans le contexte professionnel. L'avantage se porte aussi sur la possibilité d'identifier ces besoins dans l'intérêt de l'individu mais aussi de la structure qu'il emploie. À ce stade, tout est envisageable et concevable, donc la porte ouverte à tout dérapage, dans un sens comme dans l'autre.

Que la polycompétence soit un système de décloisonnement visant à la fois l'aspect professionnel, mais aussi l'aspect personnel de l'individu, constitue un défi majeur car la précision est difficile. Il reste la comparaison avec des postes similaires dans d'autres structures et ensuite la négociation de gré à gré. On n'a, malheureusement, pas la possibilité, à ce stade, de donner une plus grande précision sur la mesure de la polycompétence. En effet, un même élément de compétence aura une mesure différente d'un individu à l'autre, d'une structure à l'autre, car les combinaisons possibles sont infinies.

Nous sommes dans le caractère fragile ou arbitraire de la négociation et de la mesure de la performance. Seul le pouvoir de pression d'une partie sur l'autre pourra faire pencher la balance dans le sens désiré. En résumé, seule la négociation avec un résultat certainement difficile à arracher en sera l'unique moyen de mesure.

La véritable ouverture réside donc dans la discussion et la prise en compte de réelles potentialités d'évolution. Ce qui se traduit, évidemment, par la présence de partenaires sincères et honnêtes, surtout du côté de la structure. Pour les salariés, même si la négociation est difficile, elle est heureusement le plus sûr moyen d'aboutir concrètement à un résultat.

> En conclusion, un multicompétent est un individu susceptible de changer de poste ou de mettre en œuvre une part plus ou moins importante de la qualification d'un ou plusieurs autres métiers en possédant une partie ou sa totalité. Le caractère polycompétent s'opère dans son authentique maîtrise de nouvelles contraintes ou de nouvelles situations engendrées par un savoir, un savoir-faire et un savoir-être différents par rapport au métier de base.

En résumé

La multivalence et la polycompétence sont à la base de beaucoup de situations de polyvalence professionnelle. Elles ont pour caractéristiques principales de sortir l'individu du cadre habituel de l'exécution du travail pour lequel il est destiné en raison de ses attributions conférées par l'occupation de son poste ou de son métier.

Penser en termes de polyvalence nous entraîne donc à prendre en considération ces caractéristiques qui sont partie prenante de notre étude.

Leur définition et leur précision sont nécessaires pour éclaircir les concepts et ne pas faire de confusion avec d'autres éléments. Le concept de polyvalence professionnelle n'est pas simple. L'illustration de la multivalence et de la polycompétence prouve que l'on peut être dans la polyvalence professionnelle et se situer sur des aspects particuliers qu'il est indispensable de clarifier afin de ne pas faire de confusion.

Dans les deux cas, il est difficile d'établir un système de mesure, donc de rétribution financière, développant ainsi des mentalités négatives, des suspicions, voire des injustices, même du côté des responsables de la structure. D'où la mise au point de la multipolarié professionnelle (voir chapitre 4 p. 83).

LES BESOINS ORGANISATIONNELS INTERNES

Dans l'analyse de l'organisation du travail, on se trouve en présence de deux axes fondamentaux sur lesquels la polyvalence professionnelle est susceptible de se situer.

– *À l'horizontale* : elle reflète l'expression d'une compétence qui s'élargit de la maîtrise des techniques d'un métier vers d'autres métiers.

– *À la verticale* : elle reflète l'expression d'une compétence qui permet l'intégration d'une fonction vers d'autres fonctions à d'autres niveaux.

Cette conception traditionnelle du champ d'intervention possible d'un salarié à l'intérieur de sa structure est significative de l'articulation de la représentation classique de la structure. L'organigramme de la quasi-totalité des structures existantes est construit sur ces deux axes. Cette constatation par rapport à la polyvalence nous amène à de nombreuses réflexions.

La mise en place de la polyvalence à tous les niveaux de la structure

Des zones de polyvalence sont repérables à n'importe quel niveau de la structure organisationnelle. C'est surprenant, certes, pour de nombreuses personnes pour qui la polyvalence n'intervient que pour un nombre limité d'individus ou de fonctions. C'est absolument faux. Tout individu, intervenant dans quelque structure que ce soit, est susceptible d'être polyvalent. C'est donc une idée puissante pouvant fortement déranger ceux qui pensent qu'il y a des postes de travail réservés à cet effet alors que d'autres en sont presque par définition exclus.

Cet état de croyance présente, évidemment, l'avantage, pour ces derniers, du caractère d'autonomie et de verrouillage de leur fonction, sans pour autant en avoir les inconvénients. En réalité, cette vision anachronique est aujourd'hui en total déclin, ne serait-ce qu'à cause de la forte évolution technologique doublée de la diminution du temps de travail. Ainsi, prôner la polyvalence professionnelle pour les autres et pas pour soi-même est une erreur pouvant mener à des dysfonctionnements.

La polyvalence n'est pas une obligation pour chaque membre de la structure, mais son instauration insuffle un état d'esprit favorable afin que chacun puisse un jour ou l'autre s'y projeter aisément sans vivre cette expérience comme une contrainte, un traumatisme ou une sanction (ce qui est encore le cas !).

Tout individu appartenant à la structure est susceptible de mettre en œuvre une activité différente dans le cadre extérieur à ses attributions habituelles.

La quasi-exception de l'idée portée par la polyvalence professionnelle est révolue. Tout individu appartenant à la structure est donc susceptible de mettre en œuvre une activité différente dans le cadre extérieur à ses attributions habituelles. Bien sûr, il ne s'agit, ni de remplacer tous les membres du personnel de façon inconsidérée et dénuée de tout sens concret des réalités, ni de dire que tout le monde peut tout faire. Ce serait une hérésie et le pire moyen de déstabilisation du concept.

Le caractère temporaire ou permanent de la polyvalence

La polyvalence présentant par essence un caractère particulier, il est possible de la retrouver, soit sur un type d'affectation temporaire, soit sur un type d'affectation permanente. Son caractère particulier joue son plein rôle car, lorsqu'on est dans l'analyse de poste, on a tendance à l'examiner de façon permanente. À partir du moment où l'on fait intervenir la polyvalence, il est indispensable d'en préciser le contenu temporel. C'est ainsi que dans les affectations nous distinguons les buts ci-après.

Buts des affectations temporaires

Remplacement occasionnel spontané ou négocié (rotation)
Particularité de production (saison, soldes, campagne promotionnelle, export)
Essai d'aptitudes ou découverte d'autres postes
Délégation de signature ou de pouvoir
Mise en place de projets à caractère novateur
Échange de personnel avec des partenaires commerciaux
Essai de constitution de nouvelles équipes

Le caractère temporaire ne modifie pas le contenu des postes de travail, car la limitation de temps serait trop fastidieuse à gérer pour le remplaçant. C'est un remplacement pur et simple : le remplaçant doit s'adapter rigoureusement au nouveau poste qu'il occupe sans en changer la substance. L'avantage principal se trouve en particulier dans le repérage des différentes tâches que l'on situe dans les automatismes de la division du travail et dont le caractère régulier assure une efficacité certaine. Pour les affectations temporaires, il n'est pas souhaitable de modifier le contenu des postes. Toutefois, si le cas s'avérait indispensable, pour des raisons techniques liées à la production, ou pour des raisons liées à la personnalité du remplaçant ou du remplacé, le poste serait à remanier de façon simplifiée ou allégée en attendant son éventuelle révision complète. La polyvalence doit présenter avant tout une souplesse dans la production et ne pas constituer un inconvénient.

Buts des affectations permanentes

Constitution d'équipes volantes
Rotation de postes à caractère régulier et habituel
Création de postes mobiles
Modification du contenu des postes (simplification, enrichissement, élargissement des tâches)
Changement des postes (fusion de postes, éclatement de postes, création de postes)
Création de groupes à autonomie variable

Le caractère permanent n'est pas substitutif du changement. Dès lors qu'il y a prise de fonction, il y a attribution des fonctions de façon plénière. On ne peut donc concevoir une situation de polyvalence comme une situation exceptionnelle ou plutôt comme une situation habituelle et régulière. Le polyvalent a exactement les mêmes droits et obligations que le prédécesseur du poste, d'où toute la difficulté du « remplacement » (voir ci-dessous). Il existe beaucoup de possibilités de situations de polyvalence qui entraînent des difficultés d'application, en particulier la prise de responsabilité et les autres situations à négocier au mieux.

La prise de responsabilité : l'entière ou partielle adoption des prérogatives

Qu'elle soit temporaire ou permanente, la polyvalence suscite une question essentielle : la notion de responsabilité. En effet, on peut aisément imaginer le niveau de responsabilité désiré ou à prendre en compte dès lors qu'il y a transfert d'un poste vers un autre poste. La question est plus importante quand elle se situe dans le caractère temporaire. Autrement dit, le fait de changer de poste entraîne-t-il la capacité d'exercer l'entière et totale responsabilité rattachée ? Si l'on s'en tient aux éléments de situations de polyvalence ci-dessus, il est inéluctable de parler de transfert total de la responsabilité. Or, dans bon nombre de situations de terrain, on parle de polyvalence mais le transfert total de responsabilité reste un sujet difficile à aborder car être responsable est souvent l'élément majeur pour assumer la prise de fonction et être reconnu comme tel.

Un autre problème vient se greffer : le transfert total ou partiel de la responsabilité. Le problème du transfert de responsabilité ne doit pas être occulté ou laissé à l'abandon car, pour beaucoup de postes, il peut entraîner de graves difficultés. On ne saurait donc recommander de s'en soucier dès le début car il est étroitement lié à la prise de fonction. Cela nous amène à penser le cas du remplacement, souvent très proche et révélateur des situations de polyvalence professionnelle.

Dès que l'on parle de remplacement, on parle, la plupart du temps, d'une situation de polyvalence ; on ne peut organiser un remplacement sans pour autant faire allusion à la responsabilité rattachée.

Il existe deux sortes de responsabilité :

- La première responsabilité est d'ordre technique, liée aux prérogatives du métier :
  - compétences techniques ;
  - attributions.

- La seconde responsabilité est d'ordre hiérarchique, liée aux prérogatives du niveau de pouvoir auquel on se place :
  - pouvoir de direction ;
  - pouvoir de discipline.

En cas de remplacement immédiat, si l'on prend par exemple la rotation de poste, peuvent surgir des problèmes, si l'on veut que le remplaçant soit opérationnel dans l'instant. La meilleure solution possible doit donc être recherchée afin que le remplaçant ne soit pas mis en difficulté et qu'il n'y ait pas d'ambiguïté sur les expériences de remplacement. Le remplacement est fréquent au sein des structures et, de ce fait, doit être réussi au mieux.

Une analyse s'impose donc :

1. Vérifier jusqu'à quel point de technicité on souhaite voir le remplaçant évoluer afin de ne pas créer de distorsion trop importante dans son travail.

2. Déterminer, lors de la prise de fonction, son niveau de responsabilité hiérarchique.

> **Le remplacement est la situation clé de la polyvalence professionnelle.**

Le remplaçant doit impérativement être informé pour se positionner au sein des équipes de production et se faire admettre par ses collègues de travail. Il n'est pas interdit, par la suite, après une insertion réussie et une bonne adaptabilité, de revoir les niveaux de responsabilité à la hausse jusqu'à atteindre les niveaux souhaités ou atteints par le remplacé. Cette opération peut se dérouler dans un laps de temps relativement court. Le remplacement est donc la situation clé de la polyvalence professionnelle. Remplacer une personne c'est adopter les attitudes, le savoir-faire, mais aussi une partie, voire la totalité de la richesse du poste.

Les évolutions possibles du remplaçant

Il est fréquent d'entendre parler non seulement d'un poste de travail mais de la personne qui l'occupe ou l'a occupé. « Au temps de monsieur X, à l'époque de madame Y, auparavant lorsqu'il y avait l'ancien directeur, etc.». Ces expressions stéréotypées traînent dans beaucoup de structures mais ne reflètent pas toujours la satisfaction de ceux qui les prononcent. Elles marquent ainsi le fait que, lorsqu'on parle d'un poste de travail ou d'une fonction, on évoque ce qui est indiqué dans les fiches de postes mais, surtout, la personne qui occupe le poste. Beaucoup de postes évoluent par les personnes qui les occupent, ce qui entraîne parfois une confusion entre le poste et la personne concernée. Ce n'est plus le poste de chef comptable mais plutôt le poste de monsieur X, chef comptable. Les difficultés apparaissent dans ces situations de polyvalence professionnelle dès lors qu'un individu intervient sur un autre poste et, surtout, par intermittence. Il occupe le poste mais, très souvent, celui de monsieur ou madame X.

Chaque individu est unique, ceci entraîne une manière personnelle d'accomplir son travail, indépendamment des attributions techniques du poste. Certains métiers requièrent un tour de main personnel qu'il est difficile de s'approprier et de restituer parfaitement. Le travail n'en est pas moins bien accompli ; il est simplement accompli différemment, ce qui crée une tension dans la ligne de production. Sur ce point, les détracteurs de la polyvalence professionnelle trouvent un terrain de critique remarquable. Dans un premier temps, on ne peut pas leur donner tout à fait tort. En effet, un remplaçant doit toujours avoir une période d'adaptation et d'apprentissage plus ou moins longue. Il est logique de penser que chaque individu au travail peut et devra un jour ou l'autre le quitter, pour de multiples raisons. Un remplaçant est donc susceptible d'accomplir les tâches dévolues avec toutes les difficultés que cela suppose. Plus tard, on pourra toujours regretter le « bon vieux temps » ce qui ne change rien. La seule issue réside peut-être dans la critique, mais certainement dans le constructif. Avancer ensemble est une solution, certes, à la polyvalence mais aussi à l'épanouissement de chacun.

L'adaptation permanente des salariés

On a souvent, par désir de réalisation de soi-même ou par conformisme, la tentation de boucler, de verrouiller son poste de travail au point qu'il devient l'idéal de l'exécution de la routine créant le conformisme de la certitude et les conditions favorables pour négocier au mieux la solution à tout problème. Quel bonheur, quel facilité, et pourquoi pas quelle joie de ne plus être systématiquement sur la brèche, sur la remise en cause continuelle, obligé de faire ses preuves comme à ses débuts avec des chefs aux aguets de nos moindres faits et gestes. Après de longues années de labeur, parfois difficiles, un individu aspire à plus de tranquillité dans son travail. Oui mais... Évidemment, il peut y avoir des situations où cette phase idéale pour certains peut s'avérer différente de celle que l'on avait connu chez nos prédécesseurs, et surtout différente de celle que l'on avait prévue.

Pour de multiples raisons, la plupart du temps liées aux difficultés économiques, il est nécessaire, voire indispensable, de modifier la belle trajectoire longuement élaborée et tant attendue, pour revenir comme à ses débuts, non pas par une remise en cause de soi-même mais par une forme d'adaptation indispensable pour survivre, garder son emploi et sauvegarder la structure. Cruel destin comparé aux rêves d'antan ou aux situations d'amis dans d'autres structures, qui ne connaissent pas de difficultés. Au début, le choc est terrible, personne n'aime revoir sa destinée professionnelle ainsi dérangée au point de repartir presque à zéro.

C'est peut-être, tout compte fait, le **meilleur moyen de ne pas vieillir professionnellement**. Bien sûr le propos se veut rassurant et positif. Il n'est pas question de se réjouir de situations parfois pénibles mais d'essayer d'apporter une solution et un peu d'espoir afin de passer ce cap difficile. C'est dans ces moments d'adaptation que la polyvalence professionnelle peut intervenir, apparaissant comme une sorte d'issue de secours pour des individus en quête de reconnaissance basée sur le métier d'origine et sur toutes formes d'adaptation professionnelle temporaire ou permanente, ainsi que nous l'avons décrit.

Ces petits plus peuvent faire la différence avec des situations jugées irrémédiables, en particulier lorsque les salariés ont été contraints à la spécialisation à outrance. Ils ne peuvent plus rebondir sur autre chose, ce qui entraîne ainsi la dégringolade infernale que nous connaissons bien.

Dans ces moments-là, les individus disposant de plusieurs qualifications ont un potentiel d'adaptation assez fort pour relancer le système et peut-être sauver une situation chèrement acquise. Les facultés dont disposent ces individus changent complètement les lois naturelles, tout comme une modification du milieu entraîne l'extinction de certaines espèces animales. Avec une plus grande adaptabilité liée à la polyvalence, la modification du milieu professionnel a une moindre incidence sur ce type d'individus.

La gestion des priorités

Lors de toute exécution d'un travail, il est préférable de classer les priorités en fonction de l'importance qu'on leur accorde. Les priorités apparaissent donc comme un besoin organisationnel interne auquel chaque individu va porter une attention particulière. La principale difficulté à laquelle on est confronté se situe dans la détermination exacte d'un ordre dont la logique est complexe. Pourquoi cela ? En grande partie, la réponse vient du fait que les salariés ne connaissent pas l'ensemble de la ligne de production. Non pas qu'il faille disposer de toutes les qualifications que l'on peut y rencontrer mais que l'on sache exactement « qui fait quoi ». Dans les systèmes de travail automatisés ou travail à la chaîne, il n'est pas nécessaire de connaître les tâches du prédécesseur ou du successeur. Chaque individu est indépendant de l'autre, quelle que soit sa position sur la ligne. C'est en partie ce qui explique la robotisation, la diminution des coûts et, évidemment, l'élimination des salariés.

À l'heure actuelle, de nombreuses structures fonctionnent avec un système dit « en étoile » : chaque individu apporte sa contribution et crée ainsi une interdépendance de l'un à l'autre. Il devient donc fortement utile de ne pas se couper du reste du groupe, au risque de modifier l'ensemble du processus et d'être rejeté. À partir du moment où l'on crée les conditions favorables, en particulier l'intégration dans l'ensemble du système, il est plus aisé de comprendre, le rôle des autres et ainsi de déterminer ce fameux ordre des priorités, compte tenu de ses contraintes et de celles des autres.

On comprend mieux ce que l'on connaît bien ; à ce stade, interviennent les situations de polyvalence professionnelle. Pour connaître, on peut tout simplement observer, mais l'observation n'a pas la force de la pratique. Cependant, il est impossible d'avoir toutes les qualifications rencontrées sur la ligne de production. L'idéal est d'en maîtriser plusieurs et de comprendre l'ensemble du processus de production pour arriver à déterminer les points de ruptures possibles dues aux contraintes des uns et des autres. Cette observation active de groupe permet de classer les priorités en fonction des tâches à accomplir dans un ordre donné.

La meilleure illustration est certainement le diagramme « PERT » [1] qui recense l'ensemble des priorités en fonction des contraintes. On peut ainsi intervenir sur le PERT en fonction de la plus grande adaptabilité de certaines équipes ou tout simplement en ajustant au mieux les contraintes.

---

1. Pour éviter les retards traditionnels.

Une équipe de conditionnement

Une équipe de conditionnement peut, exceptionnellement, s'organiser en équipe de réception afin de ne pas créer de ruptures. La même équipe peut connaître les contraintes de production en raison d'un savoir acquis par une observation active de l'équipe de production et organiser son travail par rapport à ses contraintes.

La formation et la volonté d'adaptation peuvent changer des situations complexes. L'indépendance totale et l'attente de directives, sans se préoccuper de ce qui se passe en amont ou en aval, semble désuète. La gestion des priorités a toujours été un sujet complexe car l'organisation à flux tendus, le juste-à-temps, la minimisation des stocks et par-dessus tout l'aménagement et la réduction du temps de travail, la rendent encore plus difficile. Il est donc impératif d'ouvrir le champ de vision, voire d'acquérir d'autres formes de spécialisation afin d'y faire face.

> La formation et la volonté d'adaptation peuvent changer des situations complexes.

En réalité, la polyvalence professionnelle recouvre des situations très différentes. Elle n'est pas un événement en tant que tel. Même si elle est parfois exceptionnelle, l'idée de son évocation ne surprend pas. Elle concerne, de nos jours, tous les systèmes et niveaux de production, le travail relevant des activités primaires, secondaires ou tertiaires, y compris la production et la livraison de biens et services, les prestations matérielles et immatérielles. En réalité, aucun secteur n'y échappe vraiment. Pour ses détracteurs, elle est aussi présente que sournoise, ne cessant de remettre en cause les avancées et les acquis durement obtenus après de longs combats en particulier syndicaux. Qu'elle soit aussi difficile à appréhender la transforme en un magma complexe où chaque analyste y voit un intérêt particulier par rapport à une masse d'informations que l'on peut recueillir, plus précisément à partir des critères classiques de la division du travail. Derrière le phénomène de polyvalence se manifeste donc un grand nombre de situations de travail différenciées qui mobilisent la polyvalence de manière bien différente.

■ *Polyvalence de fait et polyvalence organisée*

La polyvalence de fait résulte des hasards de la vie professionnelle, des ruptures d'emploi, des situations inattendues, non prévisibles, des reconversions, des remplacements occasionnels, de la volonté de savoir ou de la curiosité. Elle peut être mobilisée ou pas dans la pratique du travail ; à ce titre, elle peut parfaitement être ignorée par la structure.

La polyvalence organisée est systématiquement recherchée, soit par la structure, soit par le salarié, soit par les deux. Elle présente la caractéristique d'une non-spontanéité. Fruit d'une négociation, d'une collaboration en vue de l'atteinte des mêmes objectifs, son mode d'organisation du travail est différent.

■ *Polyvalence de tâches ou polyvalence de formation*

La polyvalence de tâches ne nécessite qu'une adaptation modeste du salarié par rapport aux objectifs fixés. Cela peut être la résultante d'un apprentissage long ou de l'accumulation d'expériences fructueuses, permettant de ne pas mobiliser un temps d'adaptation trop long. La polyvalence de formation exige l'acquisition de connaissances, de modes de pensée et de raisonnement, de modes opératoires de nature différente. On se situe également sur un registre de compétences nouveau, accessible de façon progressive et régulière, sur un laps de temps plus ou moins long.

■ *Polyvalence de poste ou polyvalence de métier*

Dans les deux cas, on peut parler d'un élargissement de la palette d'activités. La polyvalence de poste a tendance à être considérée exclusivement en interne, dans le secteur d'activité de la structure. Elle a donc une portée limitée sauf si le salarié n'envisage pas de changer. Dans ce cas, il pourra profiter au mieux des avantages acquis. C'est la forme qui se rapproche le plus du système dit de « multivalence » (voir chapitre 4).

La polyvalence de métier a une portée plus longue, elle a pour but de donner un complément de compétence, voire une qualification supplémentaire au salarié qui la possède. En général, elle s'acquiert après un apprentissage plus ou moins long et peut se négocier à l'extérieur de la structure sur le marché de l'emploi. Le salarié aura, par ce biais, acquis une formation supplémentaire transposable dans un autre contexte.

■ *Polyvalence permanente ou polyvalence périodique*

La polyvalence peut revêtir des caractères différents en terme de durée, ce qui rend encore plus difficile son approche et même la possibilité de la définir correctement. Elle peut évoquer un système vivant qui s'adapterait à toutes les situations données, des plus simples au plus complexes, mais aussi des plus éphémères aux plus longues. On peut parler de polyvalence professionnelle quelle que soit la durée sur laquelle elle court. La difficulté peut venir par la suite sur la manière de la concrétiser en terme d'organisation et de rémunération du travail. Ces différentes conceptions de la polyvalence, entremêlées en apparence, démontrent encore que le concept de polyvalence est difficile à cerner. Cela peut prêter le flanc à ses nombreux détracteurs. S'il est difficile de la définir précisément, sa mise en œuvre lui confère son authenticité, notamment par les bons résultats obtenus.

La polyvalence *stricto sensu* n'a pas de sens en soi ; c'est la mobilisation des salariés et la volonté de la structure de remettre en cause l'organisation du travail et la spécialisation à outrance qui la consolide. Si les formes traditionnelles de l'organisation du travail avaient suffi, si les moyens de production techniques et humains étaient mobilisables à l'infini, il n'y aurait pas lieu d'en parler.

LA FLEXIBILITÉ : VERS DE NOUVELLES FORMES D'ORGANISATION DU TRAVAIL

De nos jours, on constate de nouveaux modes d'organisation du travail, qui ont pour conséquence de remettre en cause la notion de *poste de travail individuel* et de promouvoir la notion de *collectif de travail.* L'affectation de chaque individu va dépendre non seulement de sa spécialisation mais aussi des impératifs de production, où le remplacement, la rotation des postes, la performance sont des vecteurs de développement. Si l'on s'en tient à cette stricte et caricaturale représentation, les détracteurs de la polyvalence professionnelle trouvent le parfait écho de leurs critiques. Vouloir remplacer la spécialisation par des individus interchangeables à souhait comme des pions sur un échiquier ne constitue en rien un progrès salutaire pour l'individu.

Dans cette perspective, on considère que le travail n'est plus relatif à l'individu (sujet) mais plutôt à la réalisation (objet). L'individu perd la substance intrinsèque de son poste de travail au profit d'une organisation dénuée de tout l'aspect personnel constitué par la richesse de son passé et l'accumulation de compétences. Seul le résultat compte. Chaque responsable de structure cherche avant tout à atteindre un résultat satisfaisant au mieux de l'intérêt de ses actionnaires, fût-ce au détriment des salariés. En réalité, ce discours caricatural ne reflète en rien notre propos et s'avère, à terme, complètement erroné. Si l'on se contente du seul résultat, en occultant les moyens de l'atteindre, on crée ainsi une distorsion dans la capacité de production qui s'avère, à terme, négative.

Certes la polycompétence, la multivalence et les autres formes de polyvalence professionnelle offrent une plus grande plasticité dans l'affectation des individus sur différents postes de travail, mais il serait faux de dire que ce système est extensible à l'infini pour tous les postes. Pour certains types d'organisation du travail il est intéressant d'analyser ces postes afin de ne pas tomber dans une démagogie inutile ; c'est le cas notamment des points ci-après.

La gestion de projets

À la manière de Darwin, qui analysait les mécanismes de la sélection naturelle des espèces, une entreprise, avec la plus faible inertie, survit mieux qu'une autre avec une forte inertie. La peur du changement serait donc plus faible parmi les entreprises les plus « flexibles », celles qui parviennent sans traumatisme majeur à bouger et notamment à avoir un personnel disposé à accompagner le changement. En d'autres termes, une entreprise peut réussir en s'adaptant à son environnement, en développant tout système d'organisation existant. Il n'y a donc pas de vérité absolue, surtout pas pour la spécialisation à outrance, mais une ouverture vers la flexibilité, l'adaptabilité et la polyvalence professionnelle, réelles dans tous les cas de figure.

Le développement contemporain des structures conçues pour permettre la gestion de projets plus ou moins sophistiqués, de façon à ne pas décrocher d'un environnement incertain ou complexe, favorise des formes quasi artisanales d'ajustement mutuel, une dose de décentralisation, une fonction logistique sûre et centrale et une réelle possibilité de polyvalence des métiers. Cette vision de l'individu au travail sans restriction particulière permet que se joue l'adaptation permanente à l'environnement. Vision avant-gardiste de l'aménagement et de la réduction du temps de travail, la polyvalence et la multicompétence prennent donc une place très honorable dans ce schéma général car elles reflètent une parfaite réalité et un souhait élevé en terme de stratégie. Friedman [1956] a été le premier à parler d'élargissement du travail : « entendons par là une formule permettant aux travailleurs de recouvrer une plus grande maîtrise du processus productif connue, par exemple la rotation de poste à poste, ou la constitution d'équipes volantes » ; ces équipes, composées d'ouvriers polyvalents, sont capables d'effectuer des remplacements sur les chaînes de montage ainsi que des tâches de contrôle ou d'entretien.

La gestion de projets apparaît comme un moment particulier ; elle est susceptible de déranger l'ordre préétabli de la concrétisation et de la consolidation de la ligne de production. Lorsqu'on produit, on n'est pas en phase de projet, on a dépassé ce stade pour réaliser l'objet social de la structure. Dans cette optique, chaque individu connaît son poste de travail et peut, comme nous l'avons dit auparavant, se projeter sur d'autres types de postes ou de fonctions. Le changement fait partie de la logique et de la régularité de production. Il faut bien un jour changer cette routine parfaitement mise au point pour introduire de nouveaux éléments techniques ou concevoir d'autres types de produits ou de services. Nous entrons dans la phase de projet précédant la phase de production proprement dite.

Dans cette circonstance précise, il faut, non pas démolir l'organisation de production, mais arriver à concevoir une organisation en parallèle, permettant de se détacher, prendre du recul et élaborer l'objet du projet. Dans ce cas, un bureau d'études permanent s'en charge, encore que l'avis de spécialistes de la production soit souvent nécessaire, ou on détache momentanément certains individus de la production pour les faire réfléchir, analyser et élaborer l'objet issu du projet. On ne peut parler d'arbitraire d'affectation mais de liaisons fonctionnelles objectives même si cela semble relativement directif. En effet, qui pourrait mieux connaître et envisager le futur que ceux qui travaillent sur la ligne de production, ce qui n'empêche pas de faire appel à des spécialistes extérieurs pour une meilleure et fructueuse collaboration ? Là encore, ces formes d'organisation du travail sont le fruit d'une réflexion commune de plusieurs degrés ou grades de la hiérarchie. Elles entraînent ainsi une polyvalence inhabituelle, en se portant sur un terrain de réflexion en amont de celui habituellement abordé.

Exemple —————————————————————————————

Une cellule de gestion de projets

Dans une cellule de gestion de projets, le chef de produit sort de son rôle purement marketing pour aller vers la fonctionnalité technique des ingénieurs de conception. Le commercial peut, en retour d'observation de la clientèle, apporter un avis technique ; de même, l'ingénieur peut apporter un avis financier en raison des spécificités demandées, etc. Chaque membre de la cellule est à même, et ce, de façon inhabituelle, de sortir de son rôle principal. Le but n'est pas d'entrer en conflit avec les autres spécialistes mais d'apporter une réflexion complémentaire à la réflexion de base qui lui incombe.

La gestion de projet s'organise à partir d'une combinaison de spécialités différentes ayant pour but de mettre au point ce qui va se concevoir plus tard comme le nouvel élément de la ligne de production. Pour cela, le déplacement de sa propre spécialité, pour aller à la rencontre d'autres spécialités, s'avère indispensable pour la recherche de nouveautés. Il ne s'agit pas d'abandonner sa spécialité, mais de la manier différemment en fonction du degré de compréhension de son entourage, du projet et de son inscription dans ce projet.

La gestion de projet illustre donc parfaitement cette variation dans l'accomplissement de la fonction précise pour se positionner sur un axe différent. Elle déstructure le poste avec ses prérogatives, mais pas l'individu, qui trouve là une source de régénérescence professionnelle apte à la remise en cause, à l'amélioration qualitative de son niveau de spécialisation et à la compréhension d'autres fonctions.

La gestion par objectifs

Elle diffère de la gestion de projet. Elle n'est pas dans la recherche d'un élément novateur différent des précédents. Dans la gestion par objectifs, c'est la performance qui est recherchée. Le terme « performance » est difficile à évaluer, il requiert la fixation d'un niveau ou d'un degré de satisfaction par la poursuite d'objectifs préalablement fixés. En principe, les moyens pour atteindre les objectifs sont déterminés par avance, ce qui donne aux individus toute latitude pour y arriver. Dans ce cadre, les situations de polyvalence professionnelle peuvent être requises car nécessaires à l'atteinte des buts fixés.

Ainsi, on peut mobiliser telle ou telle compétence d'un individu multicompétent en fonction des besoins exprimés. Là non plus, il ne s'agit pas d'ordonner de façon arbitraire la mobilisation de compétence comme la nécessité le commande, mais de trouver les individus aptes à changer de postes ou à intervenir dans des domaines différents de leur métier de base. Cela s'avère indispensable pour atteindre les objectifs.

La recherche de performance, l'optimisation des moyens et la meilleure combinaison possible des compétences n'est pas une idée saugrenue. Toute structure connaît des périodes cruciales où l'embauche de spécialistes extérieurs peut être trop longue et trop fastidieuse compte tenu du temps alloué. La solution réside dans la mobilisation, l'intégration de différents individus provenant d'autres services ou secteurs de la structure. Leur motivation et leur niveau de compétence jouent un rôle déterminant dans ce challenge. À titre de comparaison, on peut prendre les commandos d'élites ou forces spéciales de certaines armées composés de multispécialistes de haut niveau, parfaitement polyvalents et particulièrement bien entraînés à des missions exceptionnelles, requérant un degré élevé de performance.

Dans une entreprise classique, on peut avoir des individus, peut-être pas les meilleurs, qui présentent un degré de cohésion et d'interchangeabilité exceptionnels, engendrant ainsi un haut degré de performance. Ce ne sont pas les plus fortes équipes qui gagnent mais les meilleures, celles dont la composition et la cohésion répondent au mieux aux attentes de la structure.

Dans ces deux approches, **le collectif de travail devient source d'enrichissement** et non plus d'aliénation à un système de production où l'individu est déplacé au gré des impératifs ou du bon vouloir de certains. L'intervention hors du champ habituel d'exécution du travail est d'autant plus facile qu'elle correspond à la réponse d'un besoin ou d'une demande dans le cadre d'événements particuliers ou exceptionnels.

Le collectif de travail devient une forme de synergie où la force est décuplée grâce à la mobilisation et l'esprit fédérateur d'un groupe cohérent. Chaque individu dépasse les contours de son métier et met en œuvre des situations de polyvalence. Il ne s'agit en rien d'une forme d'aliénation et de rabaissement de l'individu ou du métier mais, au contraire, d'œuvrer dans un sens de satisfaction et de performance. Le collectif de travail peut ne pas être à la portée de chaque individu dans la structure, ce qui n'enlève en rien sa capacité et l'importance de son travail. Ce collectif joue un rôle stabilisant et rassurant pour les équipes de projets ou d'objectifs. Dans ce type d'organisation du travail tous les individus ont réellement envie de collaborer différemment à la poursuite de la réalisation ou de l'atteinte du but. On ne peut parler d'autoritarisme quelconque car l'effet sera pire, entraînant conflit et désordre.

La notion de collectif de travail a donc une valeur réelle. Dans ces circonstances, elle a pour but de ne pas déstructurer le poste de travail mais de le dépasser afin de trouver les forces nécessaires pour aborder des situations exceptionnelles. Elle a pour but également de développer des types de collaboration transversale afin de construire des éléments de rencontres professionnelles sur des terrains inhabituels, favorisant l'émergence de capacités supplémentaires. Dans cette optique le collectif de travail perd l'aspect négatif si souvent décrié au point qu'il en acquiert force et vigueur, devenant une forme d'organisation de travail souhaitable.

> Le collectif de travail perd l'aspect négatif si souvent décrié au point qu'il en acquiert force et vigueur.

En dehors de ces deux cas (gestion de projets et gestion par objectif), qui sont relativement secondaires par rapport à la forme d'organisation du travail que constitue la spécialisation, se pose la question d'autres formes d'organisation du travail à partir de la déstructuration du poste de travail, pour favoriser des aspects de polyvalence professionnelle. La réponse se situe sur des formes de travail où l'on observe une atomisation des tâches à partir d'un noyau central constitué par le métier. Il est donc nécessaire de repartir à l'origine des formes modernes d'organisation du travail. En effet, l'accroissement de la division scientifique du travail a contribué à mettre au point les spécialisations, en procédant notamment à des classifications issues de négociations.

Après analyse, la rigidité apparaît trop souvent formelle et imposée par les nécessités d'accomplissement du travail et d'organisation de la production. En conséquence, l'un des thèmes majeurs évoqué par les salariés apparaît en particulier sur la communication et les liaisons fonctionnelles entre salariés, bien que spécialisés et cantonnés à des tâches précises.

Si l'on prend la fiche de poste d'un métier quelconque, celui-ci est divisé en un certain nombre d'items correspondant aux tâches dévolues au titulaire du poste. De temps à autres, le salarié se détache des éléments descriptifs du métier pour évoluer en électrons libres à la rencontre d'autres électrons libres d'autres métiers.

On rejoint sur ces aspects la question des professions différentes que nous rencontrions dans les cas de gestion de projets ou d'objectifs. La spécialisation n'assure en rien la parfaite étanchéité des métiers et des professions. Comprendre et évoluer dans son propre métier nécessite d'aller vers d'autres métiers.

Un comptable, une secrétaire

Un comptable ne pourrait pas évoluer sans intégrer l'informatique ou la fiscalité à haut niveau, une secrétaire, sans développer des aspects de communication, un ingénieur sans s'intéresser à d'autres techniques.

Ce besoin de communiquer, pour rester lié les uns aux autres, assure l'efficacité du système sinon des robots pourraient se charger du travail. L'homme a un besoin naturel de communication qui enrichit son travail quotidien. Il n'est donc pas interdit de sortir du périmètre de son métier pour accomplir des tâches différentes. Sur ce point, la polyvalence apparaît comme une forme d'escapade de la routine quotidienne, un moyen de liberté supplémentaire offert au salarié. De même, on ne peut occulter l'idée de collaboration transversale afin de fluidifier la production et favoriser les échanges d'informations dans un but d'efficacité et de rapidité de la production, en toute quiétude et sérénité. Se lâcher d'une main pour rattraper la main d'un collègue sur un autre poste semble périlleux pour les individus et la structure. Cependant, de manière organisée et intelligemment conçue, on peut y trouver de nombreux avantages.

En résumé

Faire de temps en temps autre chose que ce que l'on fait habituellement permet de se positionner différemment de façon informelle contrairement aux classifications des postes, sans remettre en cause des acquis ou créer des distorsions.
Nous sommes là, dans un contexte de décloisonnement doux, ne présentant aucun désordre grave pour l'efficience du système de production. Tout se fait et s'organise intelligemment de manière à ne contraindre et à ne frustrer personne.
La polyvalence, dans ces cas, n'est pas sournoise mais plutôt empreinte d'un réalisme et d'une objectivation des faits nécessaires, non seulement pour certains individus mais aussi pour la structure qui y trouve une source de productivité et de talents.

Zone de communication et d'intervention

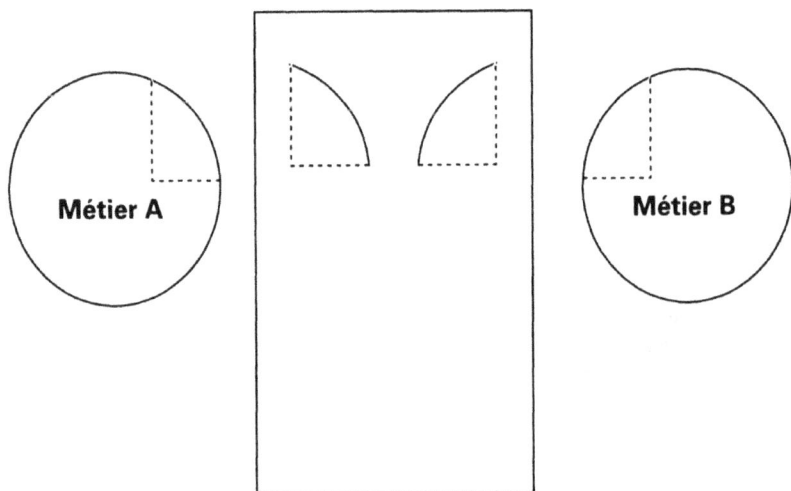

Polyvalence et flexibilité

C'est certainement l'un des thèmes importants qui attire le plus de convoitise pour la polyvalence représentée par la flexibilité. Souvent réclamée, elle apparaît comme un souhait majeur dans l'esprit de nombreux managers en recherche de nouvelles formes d'adaptation des moyens de production.

La polyvalence, en tant que système de flexibilité de la production, apparaît comme une solution économique à l'incertitude. Cette démarche permet d'augmenter un répertoire de solutions à des situations ne présentant pas un caractère régulier ou une impasse. Toute forme de flexibilité du travail est donc la réponse souhaitée à la nécessaire adaptation des moyens de production, et ce, dans un sens continuel. Si l'on veut que l'appareil productif, qu'il soit technique ou humain, puisse être optimisé sur des variations et des amplitudes fortes, la polyvalence professionnelle doit être considérée comme une des solutions fondamentales. On ne peut remédier à un système trop rigide ne présentant pas toutes les garanties d'adaptabilité en matière de production si l'on ne dispose pas d'une soupape de sécurité telle que la polyvalence.

La plasticité et la modélisation sont inéluctables et deviennent étroitement liées aux formes rigides et cloisonnées de la division du travail. Ce qui est apparu depuis longtemps comme un substitut, un moyen secondaire, devient essentiel à tout l'appareil productif. La polyvalence, considérée comme l'issue privilégiée de la flexibilité, est concomitante à l'apparition de la spécialisation, donc existe depuis fort longtemps. Quel progrès ou quelle découverte diraient certains ! En réalité pas vraiment. On ne fait que répondre ou avouer ouvertement un système que l'on connaissait de façon empirique, non institutionnalisé, pour le porter vers une reconnaissance quasi officielle. La polyvalence reste, depuis longtemps, le plus subtil moyen de flexibilité et d'adaptation de la production. Il est donc nécessaire de lui accorder tout le mérite qui lui revient.

> La polyvalence reste le plus subtil moyen de flexibilité et d'adaptation de la production.

La flexibilité s'organise sur fond humain. Loin de s'y substituer, elle puise dans la disponibilité des ressources de chaque individu, elle sollicite des expressions et des moyens de transmission du savoir propres à chaque individu. Contrairement à la spécialisation où tout est codifié et parfaitement adapté à chaque individu, la flexibilité des moyens de production par l'expression de la polyvalence va être parfois inopinée, ce qui induit un manque de codification précise ; ce sont les circonstances et les moyens du moment qui commandent sa nécessaire intervention. Il existe donc une logique de raisonnement basée sur l'intégration, la prise en compte des fonctions humaines permettant la mise en œuvre et la meilleure définition des concepts d'intervention sur la ligne de production.

> Plus on anticipe les moyens d'interventions en corrigeant les erreurs, mieux on fait face à l'incertitude en réduisant son temps.

La flexibilité permet ainsi la maîtrise de la complexité induite par la variabilité des interventions sur le marché. **Connaître, par avance, les champs d'intervention possibles devient un challenge de taille.** Tout va reposer sur l'« avance », voire les simulations possibles. Plus on anticipe les moyens d'interventions en corrigeant les erreurs, mieux on fait face à l'incertitude en réduisant son temps. Jouer sur la flexibilité des moyens de production, c'est anticiper, prévoir, organiser, simuler bien en amont pour disposer de l'entière capacité d'intervention, et donc limiter les surprises.

Dans un premier temps, c'est donc moins de la polyvalence prescrite que l'on peut au mieux répondre au besoin de flexibilité mais plutôt de la polyvalence spontanée, intermittente, qui a la meilleure réponse. Dans un second temps, l'empirisme, la spontanéité doivent faire place à une logique de flexibilité solide et organisée.

Cet état d'esprit particulier conduit à la mise en place, bien avant l'événement, des différentes formes de polyvalence professionnelle, pour assurer une véritable flexibilité.

Exemple

La rotation de poste, la constitution d'équipes volantes

La rotation de poste ou la constitution d'équipes volantes ne peuvent plus être considérées comme des situations de flexibilité si elles ne répondent qu'à l'exclusivité de situations ponctuelles. Le temporaire peut être une mesure ou un laboratoire d'essais mais c'est sur le long terme que doit jouer la flexibilité. On ne peut donc parler de polyvalence informelle continuelle pour toute réponse aux mesures de flexibilité ; ce serait une solution à court terme se révélant inefficace dans le futur, dont la résultante aboutirait à l'essoufflement des mesures prises à cet effet.

La flexibilité fait partie de ces concepts qui appellent immédiatement des notions de souplesse, de réactivité, d'adaptation permanente, de pilotage en temps réel, de fluidité mais aussi d'allègement des coûts et de diminution des pertes de temps. Faire de la flexibilité un terrain d'expériences où la polyvalence professionnelle joue un rôle majeur n'est pas là l'enjeu essentiel. Le but ultime est, bien sûr, à connotation économique et financière. Avoir des réserves de puissance par une meilleure combinaison possible des moyens de production évite ainsi gaspillages et sous-emploi, et engendre des bénéfices conséquents ou du moins ne crée pas de charges inutiles.

De nombreuses structures souffrent de leur taille et de leur capacité de réponse au marché qui en appelle à des séries restreintes et des délais courts. Sachant que les données ci-dessus constituent souvent l'avant-garde d'un ensemble produit à grande échelle, on ne peut donc faire l'économie de passer à côté et de les négliger, au risque d'entraîner l'ensemble du processus de production à l'immobilisme et peut-être l'arrêt. Se donner les moyens de répondre consiste à rechercher la meilleure voie possible.

Sous-traitance, recodification des postes et mélange de cultures

• La sous-traitance : elle peut, dans un premier temps, apparaître comme un moyen de réponse si les conditions de mise en œuvre en interne de la structure sont trop difficiles à mettre en place. N'oublions pas que, pendant le traitement par le sous-traitant, il y peut y avoir une sous ou non-utilisation des moyens de production correspondants.

• La recodification de postes : il peut y avoir une recomposition complète de certains postes afin de ne pas recourir à la sous-traitance mais la recodification de postes, en créant d'autres spécialités, va, à terme, s'avérer caduque. On ne pourra pas forcément répondre à l'infini aux diverses sollicitations du marché.

• Le mélange de cultures : il apparaît à l'heure actuelle comme la solution la plus efficace aux sollicitations du marché ; il peut être à la fois une combinaison de spécialités extérieures et intérieures à la structure (voir ci-dessus) la différence fondamentale étant l'organisation en amont de tout événement.

3

LES RÉSISTANCES

LES PRÉJUGÉS : « BONS À TOUT, PROPRES À RIEN »

Préjugés et critiques

Que n'a-t-on pas dit sur ces individus qui ne possédaient pas pleinement la sacro-sainte « spécialisation » qui régente l'organisation du travail mais aussi la quasi-totalité des sociétés industrialisées. Les métiers, avec l'ensemble des classifications existantes, confèrent un hypothétique niveau de compétence auquel il est préjudiciable de se soustraire. Le risque d'y perdre son identité de travailleur et sa reconnaissance sociale est si grand qu'il entraîne par ailleurs l'ensemble des réactions assorties de qualificatifs tels qu'on peut les lire en tête de ce chapitre. Ce n'est pas la seule formule, on peut rajouter : « trente-six métiers, trente-six misères » ; « qui veut tout faire, ne fait rien » ; « qui sait tout, ne sait rien » ; « à courir tous les lièvres en même temps, on n'en attrape aucun », etc. La liste est longue, elle n'est qu'une litanie de critiques qui ont parfois du sens, il faut bien le reconnaître, mais qui s'avèrent souvent inexactes dans le cadre de notre propos sur la polyvalence.

Toutes ces critiques n'ont de cesse de mettre à mal ce qui sort de l'habituel, du régulier, bref, de ce qui est hors des sentiers battus. Tout se passe comme si l'on voulait ignorer cet état de fait qu'est la polyvalence professionnelle alors qu'il s'agit d'une réalité incontestable. Comme elle est difficilement saisissable et compréhensible, elle dérange... Des individus passant leur temps à se chercher professionnellement induisent ainsi une image brouillée d'eux-mêmes, ce qui a notamment pour effet de fausser les repères de l'entourage, des supérieurs, et souvent des recruteurs. Toutefois, on trouve à l'heure actuelle beaucoup d'individus qui, en raison d'un cursus scolaire et universitaire sinueux, et d'un parcours professionnel irrégulier, se retrouvent avec une image qui, si l'on n'y regarde pas de près, peut paraître brouillée alors qu'en réalité elle recèle une richesse insoupçonnée.

Si des individus transportent une physionomie professionnelle complexe car n'entrant pas dans les « canons » des classifications de métiers, ce n'est pas pour autant une raison légitime de les rejeter. Ne pas avoir exercé le même métier pendant plusieurs années ou décennies ne doit pas entraîner l'anathème et l'exclusion, alors qu'il existe un réel besoin de ce type d'individu.

Critères de conformité

On pense souvent qu'un individu sachant beaucoup de choses sur tout, ne sait rien en particulier. C'est un point crucial des résistances à la polyvalence professionnelle. Nous sommes dans les notions de général et de particulier. La spécialisation est, par définition, la parfaite représentation de la notion de « particulier » et rassure car on peut l'identifier d'autant plus aisément qu'il existe une gradation dans la spécialisation, avec les diplômes pour justification essentielle. Lorsqu'on recherche le niveau dans lequel se situe un individu, on le repère mieux grâce à des moyens simples de vérification tirés des référentiels des diplômes.

Cette forme de pensée, *a priori* objective, rassure, soulage et, il faut le reconnaître, se révèle très souvent exacte. L'individu ne correspondant pas parfaitement à ces critères est rejeté car il ne se situe pas dans le « particulier » mais plutôt dans le « général » ou, pour corser le tout, dans « le particulier *et* le général ».

Exemple

Un consultant-formateur issu de la comptabilité

Un individu qui a commencé sa carrière dans la comptabilité et par les hasards et les vicissitudes de la vie se retrouve consultant-formateur en gestion des organisations. La première question d'un examinateur de son CV est évidemment « pourquoi » ? La réponse aussi impertinente qu'ironique pourrait être « pourquoi pas ! ». Au nom de quoi, un individu devrait rester cantonné dans son métier de base même avec un brillant cursus scolaire et professionnel.

L'illustration du préjugé issu de l'image brouillée d'un individu instable est, dans ce cas, remarquable. Au lieu de garder ce préjugé, il est plus intéressant de savoir en quoi le métier de base a pu enrichir sa profession actuelle. On peut également ignorer le métier de base pour ne s'attacher qu'aux qualités présentes de l'individu qui exerce son actuelle profession.

Si le passé d'un individu peut servir utilement à sa profession actuelle, on peut légitimement l'évoquer pour renforcer sa position, ou ne pas l'intégrer si cela n'apporte rien. Le point fondamental consiste à éviter les opinions négatives sur le passé professionnel d'un individu. Le « particulier » est synonyme de caste professionnelle avec ses rites, ses codes et ses attributs. Le « général » est synonyme de touche-à-tout et perçu négativement.

La référence à l'école où l'élève moyen n'est pas mauvais mais pas très bon dans l'ensemble des matières peut être mise en parallèle. Élève moyen, dit-on. C'est une constatation de valeur. Si, la comparaison est rapide, le très bon élève est « bon en tout » dans toutes les matières mais peut aussi bien se chercher car il n'y a pas de matière dominante dans sa logique de pensée. Peut-on dire qu'il est bon à rien ? Faire des raccourcis sur les capacités d'un individu ne signifie rien si l'on ne replace pas son expérience dans un contexte particulier.

Le parfait bricoleur

Celui dont on dit : « c'est un parfait bricoleur », ne signifie pas qu'il possède parfaitement toutes les spécialisations des métiers du bâtiment mais qu'il sait travailler de manière satisfaisante pour accomplir les tâches élémentaires de plusieurs professions. Disons qu'il atteint un niveau suffisant pour être relativement autonome.
Dans ce cas, on ne peut le classer au niveau le plus élevé des professions considérées mais le voir comme un « touche-à-tout », avec tous les honneurs dus à son rang. On inverse ainsi la tendance, les *a priori*, et/ou détruit les résistances si on prend soin d'analyser le contexte sans rester sur des idées préconçues. Il est aisé de dire que la vocation de certains n'est pas dans la spécialisation mais dans la polyvalence. C'est un état d'esprit, une façon d'être, une manière de se motiver sur des challenges variés, ne nécessitant pas forcément une technique pointue.
Cette vision qui peut paraître surprenante à certains, réhabilite l'élève moyen car, s'il n'est pas excellent, il n'est pas non plus mauvais. Ce manichéisme et cette forme de pensée que nous jugeons extrêmes révèlent des situations ridicules où l'on a tendance à séparer le bon grain de l'ivraie. La masse de ces individus, plutôt moyens, pas forcément excellents ou pointus n'est pas à exclure : ils ont leur place dans des situations professionnelles différentes où la spécialisation à outrance n'est pas toujours de rigueur.

Cet exemple démontre comment réhabiliter le niveau de l'élève moyen qui a sa place dans une société où l'on parle le plus souvent des élites et des meilleurs. Habileté, progression, rationalisation des tâches sont autant de valeurs essentielles dans la lutte contre les résistances, les préjugés. La spécialisation est à l'origine de la vie professionnelle d'un individu, l'école étant organisée de la sorte. Avec le temps il acquiert d'autres spécialisations, à des degrés différents, pour bâtir un individu aux multiples facettes et non pas à l'image brouillée. La caricature du métier figé et immuable est remise en cause. Dans bien des cas, il ne faut pas craindre de l'aborder avec quiétude et recherche d'efficience. Une activité peut être un ajustement constant aux exigences, parfois contradictoires du travail ; l'organisation peut, tour à tour, faire appel à des spécialistes mais aussi à des généralistes, avec des exigences liées aux dimensions physiologique, psychologique et sociale d'un individu pris dans l'intégralité de sa vie professionnelle et de sa vie d'homme.

> Avec le temps, le salarié acquiert d'autres spécialisations, à des degrés différents, pour bâtir un individu aux multiples facettes.

Les managers sont de plus en plus contraints à s'assurer de l'efficience des moyens de production et du confort professionnel des individus. La structure est donc le lieu où l'on recherche à la fois des bénéfices et la satisfaction de l'individu. Les deux notions sont imbriquées et étroitement dépendantes, laissant peu de place à des erreurs basées sur des résistances et des préjugés. Il est intéressant de s'y pencher, encore faut-il en avoir le temps et les moyens, répondent en cœur les indécis et les dubitatifs. C'est exact, mais ne pas le faire en restant ancré sur des idées fausses risque d'éliminer du circuit professionnel bon nombre d'individus qui y ont leur place, donc de pénaliser beaucoup de structures qui pourraient en avoir besoin.

LA DIFFICULTÉ DU CHANGEMENT ET L'APPRENTISSAGE DE NOUVELLES MÉTHODES

Le travail en miettes

Dès que l'on évoque l'organisation du travail, on fait appel à une notion essentielle : la parcellisation tirée de la division scientifique du travail. Taylor avait imaginé diviser, compartimenter le travail des ouvriers, pensant que chaque individu pouvait optimiser la rentabilité du travail, si celui-ci était inférieur en nombre de tâches à accomplir, en répétant le plus grand nombre de fois une ou quelques tâches très simplifiées, plutôt qu'une multitude. L'amélioration d'un nombre restreint de tâches accomplies à l'infini est réelle et peut apporter à de nombreux individus un confort dans la simplification de leur labeur quotidien. Toutefois, on peut dire que la division scientifique du travail, représentée en particulier par le travail à la chaîne, est une forme d'aliénation de l'homme au sens marxiste du terme, n'apportant que désagrément et refus. Les classifications professionnelles ont apporté un plus certain en matière de codification des tâches et salaires correspondants. L'avantage principal se situe au niveau des attributions générales de chaque métier. Pour atteindre le niveau, le diplôme correspondant est requis pour être classé au rang indiqué.

Devant les excès de spécialisation, le système de l'intégration globale de l'organisation du travail tant prôné apporte modération et extension des tâches, ce qui constitue un moyen de faire face à cette spécialisation à outrance.

La spécialisation : une tendance encore fortement ancrée

Les exigences de production, en grande partie liées à l'avancement de la technologie et du progrès scientifique, entraînent pour les individus une forte différenciation permettant en particulier de les aider dans leur développement et leur épanouissement. Dans ce cas la spécialisation peut être considérée, dans l'organisation du travail, comme un moyen de différenciation des individus les uns par rapport aux autres. La spécialisation par différenciation apporte donc la reconnaissance et le besoin de distinction auquel chaque individu aspire. Elle joue un rôle moteur, piloté par chaque individu. L'intérêt individuel qui en découle est une ressource salutaire à chaque individu, maître de son destin.

Qu'entendons-nous par intégration globale ? Les managers cherchent avant tout à réaliser l'objectif social de la structure, indépendamment de ce qui la constitue ; « la fin justifiant les moyens », il est donc primordial qu'ils se préoccupent des moyens de leur réalisation. Par l'intégration globale, ils vont rechercher l'optimisation des moyens de production, qu'ils soient humains ou techniques car seul le résultat compte. S'ils prennent en considération les aspirations des individus, la spécialisation du travail n'est qu'un moyen auquel ils peuvent recourir à côté d'autres comme la polyvalence. Or, ce n'est pas toujours le cas. Chaque membre peut avoir des difficultés à comprendre la simultanéité contradictoire entre intégration et différenciation. Chaque individu aura, par la spécialisation, une volonté légitime de différenciation et d'autonomie alors que la structure aura tendance a lui imposer l'intégration globale de l'organisation du travail, gage de succès et de réussite de la structure, et beaucoup moins de l'individu.

Dure réalité. La tendance penche plutôt en faveur de la spécialisation, facteur de succès et de sécurité, à condition toutefois que l'individu pilote sa destinée professionnelle. Cet antagonisme entre différenciation et intégration est à la base des sciences du management. Pour les managers, tout l'art va consister à procéder à l'arbitrage en permanence, par la recherche d'un équilibre fondamental entre les deux notions. Les situations de polyvalence professionnelle, dans leur globalité, ont leur place dans ce schéma général, par une aide permanente au rééquilibrage constant, donc à l'harmonie de l'ensemble.

Si l'organisation du travail est un système dit ouvert, la spécialisation devrait être le symbole de la liberté professionnelle. Elle l'est, en particulier à l'entrée dans la vie active, car les systèmes d'apprentissage se fondent principalement sur cette base. Par la suite, la spécialisation constitue une forme d'enfermement professionnel qui rend tout nouvel apprentissage relativement difficile à intégrer ; ce peut être une remise en cause de la spécialisation chèrement acquise ou d'un nouveau départ pas toujours vraiment souhaité.

L'apprentissage devient complexe car le décloisonnement induit renvoie très rarement à un point particulier d'une nomenclature ou d'une classification. Il ne fait pas référence à un niveau précis, peut être un mélange original de niveaux différents de professions diverses. Il devient donc difficile d'entrer dans une phase d'apprentissage de positions liées à des situations de polyvalence professionnelle car les données peuvent changer rapidement.

Les résistances au changement, qui s'opèrent lors de nouveautés techniques, sont d'autant plus fortes qu'elles provoquent un sentiment de précarité et des zones d'incertitude.

Les formes d'apprentissage

En matière d'apprentissage, on trouve principalement deux formes.

■ L'apprentissage passif

L'apprentissage passif consiste à prendre en compte tout ce qui est à la portée d'un individu, parfois de manière involontaire, sans pour autant se traduire par un rendement précis et rapide.

Exemple

Connaître une langue étrangère, l'électricité, le jardinage

On peut connaître une langue étrangère (espagnol) par le seul fait d'avoir des parents du pays d'origine de la langue sans pour cela l'avoir apprise à l'école ;

on peut acquérir une capacité et une connaissance professionnelle d'un secteur d'activité (électronique) du seul fait que l'on ait accumulé plusieurs années de présence au sein de ce secteur ; on peut être à même d'exercer le métier de jardinier, différent du métier de base (électronicien) par le seul fait que l'on aime jardiner.

L'apprentissage est dit passif uniquement parce que la personne accumule des compétences presque indépendamment de sa volonté. C'est un constat, un fait qui ne se discute pas vraiment mais qui peut, dans d'autres circonstances, telles la reconversion professionnelle, la réorientation professionnelle ou la simple intervention ponctuelle, complètement changer la nature de l'activité et la destinée de certains.

■ *L'apprentissage actif*

L'autre forme d'apprentissage, dit actif, est différente car il nécessite l'implication de l'apprenant. Des notions telles que l'intérêt, le plaisir, la nécessité, la découverte, la curiosité, le pouvoir, l'indépendance, etc., y sont adjointes. L'acquisition de compétences est vécue de façon précise, pragmatique, avec une lisibilité et une visibilité suffisantes pour emporter l'adhésion de l'individu impliqué dans le processus. Dans la polyvalence professionnelle, on n'a pas toujours de repères précis et on ne perçoit pas toujours l'intérêt immédiat d'entrer dans une phase d'apprentissage sans véritablement avoir l'assurance d'un retour sur investissement rapide et précis.

La résistance au changement est donc très forte ; la question essentielle repose sur l'intérêt de se positionner dans un tel processus avec autant de risques et d'incertitudes. La réponse se situe sur l'objectif à atteindre. Il est intéressant de connaître par avance, en imaginant des situations possibles sous formes de simulations, les circonstances dans lesquelles la maîtrise de certaines capacités est requise.

Exemple

Former une *task force*

Il n'est pas nécessaire d'attendre de décrocher des marchés à l'export pour former une *task force* avec des personnes multilingues maîtrisant le minimum nécessaire en matière de techniques export.

■ L'entrée dans l'apprentissage

Dans un premier temps, il paraît illusoire de se lancer dans un tel processus d'apprentissage. Si on le considère comme un investissement et un moyen de réactivité, il est judicieux de réaliser un inventaire et une évaluation des capacités existantes et se lancer dans un programme de formation pour mise à niveau (voir chapitre sur la multipolarité professionnelle). Avec un raisonnement structuré et objectif, on brise beaucoup de résistances et de barrières pour se situer dans la réalité, et non pas se maintenir dans l'hypothétique.

L'apprentissage, c'est aussi la remise en cause de soi-même. Étape difficile à aborder car il faut accepter de se décloisonner, d'abandonner de vieilles habitudes pour entrer dans l'inconnu et les craintes qu'il suscite. L'apprentissage de nouvelles techniques, c'est aussi un saut dans le passé, dans des années d'école qui n'ont pas été vécues comme de grands moments dans la vie de beaucoup. On revoit les études, les difficultés de compréhension, les examens, les notes, etc. Autant d'expériences douloureuses qui n'ont pas laissé de bonnes impressions. Se retrouver à nouveau dans cette phase après des années de travail où la routine et l'efficacité étaient de rigueur, est souvent mal vécu.

À l'heure actuelle, le progrès technique est tel que l'on ne peut y échapper. Entrer en apprentissage sur des métiers qui s'élargissent vers d'autres techniques est perçu comme une contrainte plus qu'une véritable volonté. C'est bien sur la volonté que va se relever le défi de l'apprentissage. Apprendre à nouveau d'une manière qui peut sembler désordonnée demande une forte volonté de l'apprenant. La solution s'organise à partir d'une réelle et franche explication des managers afin que le personnel perçoive parfaitement les enjeux d'un tel processus.

> **C'est sur la volonté que va se relever le défi de l'apprentissage.**

Exemple

Acquisition des compétences liées au changement de matériel

Changer de matériels pour accroître la performance nécessite une explication, ainsi qu'une implication et un apprentissage du personnel concerné, d'autant plus que la plupart des nouveaux matériels intègrent de nouvelles fonctions nécessitant l'acquisition de compétences issues d'autres métiers. Cela ne s'improvise pas. De la décision du changement, du choix du matériel et de son niveau de performance dépend aussi l'adhésion du personnel concerné.
La résistance au changement sera d'autant plus faible si l'apprentissage démarre avec la collaboration directe du personnel. On aura ainsi transformé l'apprenant passif en apprenant actif.

Les bases de nombreux métiers se compliquent, disent certains. Il est nécessaire d'en tenir compte surtout si l'on veut aider les salariés à se dépasser pour être multicompétents, polyvalents.

Le changement est synonyme de progrès. On ne peut le concevoir pour régresser. Beaucoup d'individus préfèrent une non-progression car la progression ne s'accompagne pas forcément d'une évolution de carrière et de salaire. Reconfigurer l'approche du changement par l'apprentissage et l'intégrer dans une réflexion préalable afin de déterminer si l'apprentissage fait partie d'un processus d'évolution ou de transformation globale du métier est une nécessité. L'apprentissage s'insère-t-il dans un suivi régulier du métier ou le transforme-t-il jusqu'à l'aligner sur une autre profession ? Il est utile de résoudre cette question.

Exemple

Un changement de qualification dû aux spécificités du métier

Un plombier doit se tenir au courant de l'évolution des techniques de plomberie. Cependant, s'il doit changer de métier pour devenir un spécialiste des gaz médicaux, il devient nécessaire de changer sa qualification.

Cette prise en compte de la résistance au changement dans un processus d'apprentissage devient indispensable pour clarifier ce qui relève réellement de l'évolution, d'une part, de la transformation, d'autre part. Ces deux notions représentent, à l'heure actuelle, la principale résistance et même source de conflit, constituant un frein supplémentaire à la polyvalence professionnelle. Trop d'individus, dont des managers, confondent progression et transformation du métier. Il est indispensable de faire la distinction entre ce qui entre dans la progression du métier et ce qui transforme le métier. L'intérêt se situe prioritairement sur le niveau de qualification, donc de classification, avec indice et salaire correspondants. Si l'on ne procède pas à ce genre d'analyse couplée avec le potentiel intellectuel de l'individu à intégrer l'évolution, la piste est mauvaise. En effet, la confusion existe souvent entre polyvalence professionnelle et accroissement de spécialisation. À un moment donné, nous ne savons plus si l'on est toujours dans le métier de base qui évolue ou si l'on a glissé sur un autre métier, d'où l'apparition de la polyvalence professionnelle.

> La confusion existe souvent entre polyvalence professionnelle et accroissement de spécialisation.

Cette interrogation suscite évidemment l'inquiétude au point que l'apprentissage devient synonyme de polyvalence professionnelle, donc de résistance, refus, désagrément, préjugés, etc.

Un logiciel de comptabilité élaboré par un informaticien

Un informaticien élaborant un logiciel comptable devra connaître les techniques comptables à un niveau tel qu'il pourrait avoir l'impression d'apprendre le métier de comptable.

À travers l'apprentissage, on peut déceler un amalgame difficile à éluder entre évolution et acquisition d'autres techniques, le dénominateur commun étant la polyvalence professionnelle. Ce problème n'a rien a voir avec la polyvalence professionnelle. Ceci n'empêche pas l'informaticien de devenir comptable, ce qui serait le résultat de sa volonté et celle des managers de la structure. Dans ce cas, on peut parler de situation de polyvalence professionnelle où l'on a un informaticien et un comptable en une seule personne. La polyvalence est ainsi assimilée à un apprentissage. Elle intervient indirectement, induisant des réactions négatives, qui lui sont totalement étrangères.

Changement et innovation

Dans tout système de production, il n'y a pas de déterminisme ; les déterminations socio-organisationnelles sont inéluctables si l'on se réfère uniquement aux modes d'organisation que l'on peut observer.

Un système d'organisation découle de la culture des managers avec la cohorte de qualificatifs liés aux notions de performance, d'efficience, de qualité, d'excellence et de rentabilité.

Pour beaucoup de structures cela marche bien, on ne peut que s'en féliciter. Tout autre aspect organisationnel va donc mettre l'accent sur ce que l'on ne veut pas forcément voir, ce qui n'est pas apparent.

À qui attribuer la paternité de la rentabilité

Si l'on prend un équipement avec une rentabilité de + 90, cela peut être le résultat de + 100 sur une production à laquelle on soustrait – 10 sur une autre production. Si l'on s'en tient au résultat de + 90 avec une appréciation positive et suffisante, sans vraiment se soucier des raisons réelles qui amènent à ce résultat, il peut être dérangeant de procéder à une analyse approfondie.

Dans le domaine de l'analyse, la complexité est de rigueur. Si l'on prend deux équipements technologiques équivalents, deux structures peuvent s'être organisées de manière très variable. Il y a bien comme un « jeu » entre ces deux paramètres engrenés l'un à l'autre : la technique et le socio-organisationnel. En conséquence, il est impossible d'affirmer d'emblée que c'est l'organisation qui génère le mode opératoire de base par l'acquisition de tel ou tel équipement. Inversement, on ne peut affirmer que c'est la particularité de l'équipement qui génère le mode d'organisation choisi. On ne peut donc savoir par avance si c'est le mode d'organisation ou la structuration de l'ensemble, qui va engendrer la polyvalence professionnelle.

> **Le changement par l'innovation est avant tout une culture d'entreprise.**

De même, l'innovation intervient comme un catalyseur ou un frein par rapport à cette réflexion. Est-ce le niveau d'équipement qui entraîne le changement organisationnel ou le personnel de la structure qui lui permet de relever des défis technologiques avec des individus polyvalents et réactifs ? La réponse n'apparaît pas évidente d'emblée.

Le changement par l'innovation est avant tout une culture d'entreprise, on ne le décrète pas spontanément avec effet immédiat sur les individus et l'organisation.

Les adeptes de la spécialisation à outrance ont, sur ce point, beaucoup d'arguments en leur faveur, leur permettant de prouver qu'en raison des spécificités technologiques de plus en plus poussées, il devient impensable d'avoir des individus intervenant partiellement ou ponctuellement sur la ligne de production. Ces arguments s'avèrent exacts dans beaucoup de situations relevant du changement dû à l'innovation mais il est inexact de dire que l'innovation nécessite exclusivement des spécialistes. La contribution de généralistes est souhaitée dans beaucoup de cas.

Exemple

Le généraliste dans l'automobile : un atout

Dans le secteur de l'automobile les responsables des essais sont souvent des individus avec une spécialité de départ, la plupart du temps mécanique, que l'on a affectés à des tâches généralistes d'essais où les aspects mécaniques sont, certes, primordiaux mais suivis, par la suite, d'aspects liés à l'aérodynamique, l'électronique, etc.

QUALITÉ DU TRAVAIL ET CONDITIONS DE TRAVAIL

À la première évocation du mot « polyvalence » ses détracteurs avancent la qualité et les conditions de travail. Ce *leitmotiv* doit être dissipé afin d'éviter tout malentendu et la perte de crédibilité. La polyvalence est parfois employée à tort pour réaffecter des individus dont on ne sait que faire ou qui présentent des faiblesses professionnelles. L'appréhender de ce seul point de vue draine toutes les perceptions négatives afférant à la qualité et aux conditions de travail.

La polyvalence ne s'improvise pas. Elle n'est pas le fruit d'une spontanéité et d'un arbitraire managérial mais plutôt un système mûrement réfléchi et organisé de façon paritaire (managers et personnel). Ses détracteurs avancent toujours des arguments, se fondant sur des faits observables liés en particulier à des critères qualitatifs relatifs à des économies de charges de main-d'œuvre. On ne peut ignorer ces arguments, au risque de paraître un idéologue de la polyvalence professionnelle, dénué de bon sens.

La qualité du travail et ses critères

En matière de qualité, il est nécessaire de définir les critères de valeur ou les normes permettant d'atteindre un niveau souhaité, donc de définir les moyens pour y arriver. Considérer les formes de polyvalence professionnelle comme des éléments d'altération de la qualité du travail effectué est un faux problème. S'il y a altération, elle est due essentiellement au plan qualité qui a été mis en œuvre et dont les situations de polyvalence professionnelle, mal préparées, peuvent, comme beaucoup d'autres éléments, en être indirectement les causes. Accuser la polyvalence comme étant un élément majeur de non-qualité, revient à trouver une sorte de bouc émissaire pour justifier l'insuffisance du plan qualité ou l'incompétence de ceux qui l'ont mis en œuvre.

Entrer dans un processus de qualité avec ou sans procédure officielle de qualité, c'est penser les moyens et les difficultés d'atteindre les objectifs fixés. Dans ce cadre, la polyvalence peut effectivement s'avérer être un inconvénient sur lequel va se cristalliser l'ensemble des griefs. *A contrario*, si les situations de polyvalence s'avèrent avantageuses, on dira tout simplement que la polyvalence a pleinement joué. La polyvalence professionnelle ne peut donc être assimilée à une excuse en cas d'échec, elle est le résultat, comme beaucoup d'autres éléments, d'un ensemble qui a sans doute été mal conçu et non l'inverse.

Les conditions de travail : contenu et limites

En matière de conditions d'application, d'exécution ou d'accomplissement du travail, il est nécessaire d'examiner : d'une part, si la mise en œuvre de situations de polyvalence professionnelle les modifient au point de remettre en cause la nature même du travail, créant ainsi des problèmes pour le personnel concerné ; d'autre part, s'il y a, par ces nouvelles conditions de travail, une modification substantielle du ou des contrats de travail induisant ainsi des dysfonctionnements majeurs.

Appliquer la polyvalence professionnelle ne signifie pas accepter tout et n'importe quoi au seul argument qu'il faut être réactif et capable d'adaptation. Il y a des limites qu'il ne faut pas franchir, au risque de renverser l'ensemble de l'argumentation en faveur des individus impliqués.

À chaque situation professionnelle correspondent des conditions de travail précises qu'il est indispensable de préciser afin d'en déterminer le contenu et la hauteur, ce qui signifie également d'en fixer les limites notamment en matière de sécurité, de pénibilité et de qualité du travail à exécuter. Cette démarche est d'autant plus nécessaire lorsqu'on veut mettre en place une situation de polyvalence professionnelle. Il va falloir additionner et analyser les conditions de travail de plusieurs fonctions et, en contrepartie, fixer les moyens correspondants pour ne pas créer d'incidents. Pour ce type de situations, il est encore plus important de le faire car on part, parfois, sur des champs ou des pratiques professionnelles nouvelles et inhabituelles, pour le personnel concerné. Il faut redoubler de vigilance et être encore plus prudent, ce que beaucoup de managers négligent, créant ainsi de fortes résistances et des situations d'hostilité.

Exemple

Le volume de travail

Additionner certaines tâches de deux fonctions différentes peut conduire à des conditions de travail beaucoup plus importantes que l'ensemble des conditions de travail des deux fonctions prises séparément.

En résumé

Mettre en place des situations de polyvalence professionnelle présente des avantages incontestables en matière d'affectation permanente ou temporaire de la main-d'œuvre. Il est faux de penser que cela est évident en matière de qualité ou de conditions de travail. Tout se passe comme si l'on voulait remettre en cause des situations claires qui apportent satisfaction aux intéressés pour se lancer dans l'inconnu et l'improvisation. Cela déclenche évidemment des réactions négatives qui peuvent entraîner des problèmes importants alors qu'il faudrait en peser les avantages et les inconvénients.

Après analyse en termes de qualité et de conditions de travail, il est inutile de persister à mettre en place des situations de polyvalence professionnelles, qu'elles soient temporaires ou permanentes, surtout si elles révèlent des problèmes majeurs, des dysfonctionnements graves. On ne dit pas qu'il faut, coûte que coûte, que la polyvalence existe dans chaque structure au point d'en modifier complètement un fragile équilibre obtenu après de longues années d'efforts.

La polyvalence professionnelle requiert encore plus d'attention en matière de qualité et de conditions de travail. Elle se porte souvent sur des activités nouvelles ou inhabituelles nécessitant une virtuosité professionnelle qui n'est pas toujours à la portée, aussi bien des managers que du personnel concerné.

Ce n'est pas non plus une raison pour la considérer comme particulièrement complexe avec une infinité de combinaisons plus compliquées les unes que les autres. Elle requiert simplement plus d'attention et de réflexion qu'un travail spécialisé aux contours plus clairs.

C'est le prix à payer pour une efficience voulue ; ce type de démarche est favorable à la mise en place d'autres mentalités basées sur la recherche de nouveautés, de réponses à des questions particulières, de nouveaux départs, de conquête de nouveaux marchés. Elle est porteuse d'audace et d'initiative avec la faiblesse et la fragilité du milieu socioprofessionnel qui l'entoure.

Il est faux de penser que la polyvalence est un moyen de simplification de la ligne de production. Elle est un autre moyen d'intervention sur la ligne de production, parfois plus complexe encore. Rester attentif et faire un bilan des avantages et des inconvénients qu'elle produit constitue un atout.

La polyvalence n'est pas un système de flexibilité destiné à modifier la qualité ou contrebalancer des conditions de travail précises. La souplesse, la recherche de flexibilité, n'est pas synonyme de laisser-aller ; c'est exactement l'inverse. Vouloir assouplir c'est reconsidérer les conditions de travail dans une nouvelle configuration de la ligne de production ; c'est maintenir le niveau de qualité du travail réalisé à l'égal de celui réalisé par des spécialistes. La qualité et les conditions de travail sont l'aboutissement d'une action de longue haleine qui doit servir utilement à des situations novatrices de polyvalence, ce qui signifie, a contrario, que la polyvalence n'a aucune influence négative pouvant modifier cet ordre.

> La souplesse, la recherche de flexibilité, n'est pas synonyme de laisser-aller ; c'est exactement l'inverse.

L'AMBIGUÏTÉ DES GRILLES D'EMPLOI ET DES CONVENTIONS COLLECTIVES

Qualification ou déqualification

Dans la mesure où la qualification effective du travailleur s'opère au moment de l'embauche, en fonction du poste auquel il est affecté, le pouvoir discrétionnaire de l'employeur joue à plein, surtout si l'embauche fait l'objet d'une rude négociation. Ceci constitue un préalable à la déqualification du salarié qui va perdurer de nombreuses années avant de rattraper le retard et de retrouver le niveau auquel il aurait dû commencer sa carrière (l'individu est prisonnier de son niveau de départ).

Dès lors qu'on évoque divers procédés de déqualification, en particulier en période de crise économique ou de chômage important, on évoque d'abord cette situation bien avant de parler de la polyvalence comme principal moyen de déqualification, ce qui est contestable.

Chaque emploi (ou catégorie d'emplois) existant dans l'entreprise est, en principe, situé dans la hiérarchie professionnelle établie par la convention collective de la branche. On y trouve la définition, la fonction correspondante avec la qualification littérale et un indice salarial. En référence à ce système, on établit une correspondance entre l'emploi et la qualification d'embauche que l'on retrouve dans la classification. Le classement professionnel du salarié s'obtient suivant ces critères prédéfinis.

En conséquence, tout procédé visant à remettre en cause ce système qui présente de réels avantages, est frappé d'une interdiction. Un employeur ne peut pas modifier le classement établi dans la convention collective au profit d'un salarié s'il y a désavantage pour les autres. Dans un sens, on ne peut que s'en féliciter. Les luttes syndicales, pour arriver aux acquis de notre époque, ayant été rudes, il serait impossible de remettre l'édifice en cause.

Toutefois, la classification collective ouvre à l'employeur la faculté de surclasser un salarié par rapport aux critères résultant de la classification. C'est le cas pour la polyvalence professionnelle : la notion de qualification intrinsèquement rattachée au poste se trouve modifiée. Dans ce cas de figure, soit la convention collective prévoit des situations de salariés polyvalents, soit la règle de l'application réelle va jouer. Il faudra donc traiter le problème chaque fois qu'il y aura une situation qui le requiert.

Les conventions collectives prévoyant des postes de salariés polyvalents sont en réalité dans la continuité de la spécialisation. Par exemple, le poste d'ouvrier polyvalent que l'on trouve dans la nomenclature des hôpitaux est un poste similaire aux autres postes d'ouvriers avec des attributions élargies dans plusieurs domaines (électricité, plomberie, peinture, menuiserie, etc.). Cet ouvrier a des attributions allégées dans chacun des domaines d'intervention ; il n'est pas un multispécialiste mais un ouvrier prévu pour de petites interventions, souvent très utiles. Nous sommes encore dans la logique des conventions collectives clas-

© Éditions d'Organisation

71

siques où la qualification professionnelle précise la définition de l'emploi, le titre, l'indice, à la différence près que, dans cet exemple, la dénomination « ouvrier polyvalent » fausse l'analyse et le problème.

Dans l'ensemble des situations de polyvalence professionnelle, par la nécessité de service ou la volonté du salarié, nous nous retrouvons dans l'impasse de la requalification de l'individu. Les conventions collectives ne prévoient pas de qualification « flottante » nous contraignant à modifier notre approche.

À la fin des années soixante-dix, le débat était focalisé sur l'objet concerné par la qualification (la qualification du poste, de l'emploi, du travailleur). Depuis, ont été introduits des termes alternatifs ou concurrents. C'est le cas du concept de compétence, qui vient en complément ou en compétition, avec celui de qualification, qui constitue un appui certain.

La classification : les controverses

Dans cet ordre d'idée, le terme de classification se réfère aux dispositifs socio-institutionnels de la négociation collective. Son usage renvoie à la qualification salariale avec deux types de grilles conventionnelles qui coexistent : celles de type Parodi-Croizat (du nom des deux auteurs de l'époque), rangement hiérarchique des postes de travail ou métiers par filière professionnelle par un seul critère (le diplôme ou l'expérience professionnelle), et celles, dites à critères classants, qui font référence à plusieurs critères de classification (connaissances, autonomie, responsabilité, etc.). Cette dernière grille tend à se substituer progressivement à la précédente. Dans les débats relatifs aux questions de classification, se retrouvent les controverses présentes entre qualification et compétence. Mais la qualification requise et les exigences du poste ou de la fonction continuent à prévaloir sur la compétence.

> La qualification requise et les exigences du poste ou de la fonction continuent à prévaloir sur la compétence.

Seule la négociation, appuyée par des propositions concrètes dans l'intérêt du salarié et de la structure, pourront donc faire avancer les éléments de conventions collectives tenant compte des spécificités de la polyvalence professionnelle.

LES POSITIONS SYNDICALES

La méfiance des syndicats

Les luttes syndicales ont apporté un atout majeur en matière de qualifications, de postes de travail et de salaires au point que tout ce qui peut affecter cet état est frappé d'interdit et de suspicion. Le caractère déstabilisant de la polyvalence pousse en fait les syndicalistes à faire très attention à toutes remises en cause des acquis par l'application de systèmes de déqualification du travail.

Le système de qualification qualifie le poste et non pas le travailleur qui l'occupe : en cas de changement de poste, c'est tout l'édifice de la construction sociale individuelle de chaque travailleur qui est remis en cause, ce qui, évidemment, est une aberration, sauf en cas de rétrogradation pour faute. L'idée est toujours présente et réapparaît de temps en temps, créant ainsi tension et réprobation, dont on pourrait facilement faire l'économie. Évidemment, la polyvalence professionnelle est toujours en ligne de mire des syndicats car elle est souvent décriée comme un système de déqualification. Si, effectivement, la mise en œuvre de situations de polyvalence a été mal organisée, ainsi que nous l'avons vu dans les chapitres précédents, on ne peut que se féliciter des positions syndicales qui vont à son encontre.

Le travailleur est à la base de l'action syndicale ; un syndicat a pour but principal de défendre les intérêts de ses adhérents dans la progression et la continuité. Tout ce qui peut contrecarrer cette idée provoque le rejet. On ne peut donc se servir de la polyvalence pour revoir la position d'un travailleur à la baisse, sauf cas de force majeure tel que la faute. Les positions syndicales seraient d'autant plus claires et favorables au système de polyvalence si, dans la mesure où son application relevait d'une véritable concertation et organisation avec les travailleurs concernés, elle s'inscrirait dans un mouvement de progression ou, au moins, de non-régression de la carrière des personnels en question.

Pour les managers, essayer de se servir de la polyvalence pour briser des accords salariaux, outrepasser les conventions collectives dans un sens négatif pour le travailleur est une mauvaise idée à laquelle on n'adhérera pas. Pour le personnel et les représentants syndicaux, voir dans la polyvalence un moyen systématique de remise en cause de la qualification, sans au préalable examiner de près s'il y a véritablement remise en cause ou modification substantielle du contrat de travail, est une mauvaise idée à laquelle on n'adhérera pas non plus. Autant pour les managers que pour les représentants syndicaux et le personnel, voir dans la polyvalence professionnelle un système révolutionnaire pour tout changer est un leurre lourd de conséquences.

Outre les compétences de l'individu, sa formation, son expérience, sa manière de travailler et tout ce qui lui est particulier devraient être pris en compte pour déterminer le niveau hiérarchique de son poste, surtout s'il s'agit d'un poste à multicompétences.

Il y aurait une ouverture et une possibilité d'intervention paritaire (syndicats et employeurs) intéressante à mettre en œuvre. Par exemple : travailler sur les qualités personnelles entrant dans les attributions du poste, surtout lorsqu'il s'agit de formes originales de qualification telles que celles développées par les situations de polyvalence professionnelle.

Les désaccords entre les différents acteurs

À force d'être employée dans des sens variés par différents acteurs à l'intérieur et à l'extérieur de la structure, la polyvalence est une sorte d'ambiguïté permanente si bien que les syndicats et les managers sont en constante difficulté pour lui donner un sens précis, suscitant même des conflits. La polyvalence se manifeste dans des formes qui sont toujours un résultat que l'on veut obtenir, sans cesse renouvelé, ne présentant donc pas de stabilité institutionnelle. Certains diront que c'est ce qui en fait sa force et sa valeur. On sait comment procéder à la mise en œuvre de la polyvalence mais son aspect multiforme la rend difficile à formaliser.

Indéniablement, sous son image floue, la polyvalence porte en elle des aspects qui sont favorables aux salariés concernés avec des qualités acceptées mais qui ne sont pas forcément reconnues à leur juste valeur. Partir d'un concept aux contours variés et instables pour essayer de mettre en place un système stable et réellement quantifiable, notamment en terme salarial, relève d'un travail de grande ampleur pour beaucoup de représentants syndicaux, qui ne rejettent pas en bloc la polyvalence mais en mesurent la difficulté de formalisation.

Il n'est pas facile d'accéder à cette démarche si l'on prend globalement l'ensemble des éléments qui constituent la polyvalence. Coexistent, en effet, une infinité de solutions, nous dirions presque autant que d'individus polyvalents. Il est fondamental de ne pas éluder systématiquement la question de la polyvalence lors de négociations du travail ; nier cette évidence ne fait qu'accroître le sentiment d'incompréhension.

L'essence même de la polyvalence, c'est sa coexistence permanente avec la spécialisation.

L'essence même de la polyvalence, c'est sa coexistence permanente avec la spécialisation. Rechercher un moyen de la valoriser est judicieux, et permettrait à tous ceux qui la vivent d'en recevoir un juste mérite. À partir des négociations syndicales – où les valeurs de chacun des acteurs se heurtent ou se conjuguent dans la recherche de l'optimisation des résultats – la polyvalence est à la fois un système hybride où chaque partie va essayer de tirer le plus d'avantages. Beaucoup d'experts et de délégués syndicaux s'interrogent sur la polyvalence qui, bien qu'étant omniprésente dans beaucoup de structures, représente un avantage réel. Certains pensent que son application est la résultante d'un compromis subtil où les enjeux de chacun ne sont jamais bien définis. Dans ces conditions, on peut croire que les enjeux de la polyvalence ne servent qu'aux intérêts de l'une des parties au détriment de l'autre.

Exemple

Position hiérarchique et salaire des personnels polyvalents

Dans les positions hiérarchiques et salariales des personnels polyvalents, les négociations peuvent se placer à un niveau tel qu'elles aboutissent à une combinaison très élevée comparée aux individus accomplissant une charge de travail identique dans le cadre d'une spécialisation précise.

Compiler des bouts ou des totalités de spécialisation, arriverait à additionner les niveaux et les salaires de cette compilation.

Exemple

Deux qualifications mais pas deux salaires

Un menuisier qui aurait aussi la spécialité de serrurier devrait avoir le niveau, et la paye correspondante, des deux fonctions cumulées. On ne peut cumuler deux salaires sous prétexte que l'on possède deux qualifications entrant dans la cadre de son travail. C'est une aberration.

Polyvalent ou spécialiste : un classement et une rémunération adaptés

Un système de classement et de rémunération doit être trouvé, qui distingue l'individu polyvalent par rapport à l'individu avec une spécialité unique. En matière de polyvalence, rappelons-le, il n'est pas nécessaire de posséder l'entière qualification d'un autre métier si elle n'est pas requise.

Depuis longtemps, les syndicats tentent de faire reconnaître l'ancienneté comme premier critère de promotion. Au fur et à mesure que le temps passe, l'individu acquiert des connaissances et développe certaines aptitudes favorisant des situations de polyvalence professionnelle. Si ce n'est pas tout à fait faux, on peut dire qu'il existe une étroite corrélation entre l'ancienneté et la polyvalence. L'employeur recherche, de son côté, une plus grande mobilité des travailleurs, il va se rattraper sur l'ancienneté comme gage de mobilité et rentabilité. Ces allégations, quelque peu caricaturales, constituent parfois un début de réponse dans l'aboutissement de la négociation syndicale. Elles ne sont guère d'une grande objectivité. Notre aide porte sur la classification des polyvalents. Nous laissons de côté toute technique de négociations trop aléatoires. Les conventions collectives, on le sait, ne sont pas précises sur cet état de fait.

La polyvalence s'enracine dans l'étymologie du mot valoir. Quatre facettes principales pourraient être la base de la mise en place de la classification des polyvalents pour aboutir à un résultat concret :

- première valeur : l'importance ;
- deuxième valeur : la durée ;
- troisième valeur : la responsabilité ;
- quatrième valeur : l'autonomie.

Ces quatre facettes révèlent les aspects de valeurs comprises dans le sens du mot travail et permettent de définir les critères de décision de ceux qui doivent mener des études de classification sur la polyvalence. Les situations de polyvalence vont constituer des situations d'exception qui engendreront systématiquement une étude de classification au cas par cas en tenant compte de ces quatre éléments.

La négociation de la polyvalence

On ne peut déterminer un classement, un niveau hiérarchique, et un salaire, en additionnant n'importe quoi. Cela n'aurait aucun sens. Dans toute négociation, on le sait, le résultat ou le compromis obtenu ne satisfait pas toujours les parties. Nous n'avons pas vraiment d'autre choix que d'inscrire l'ouverture de négociations lors de chaque préalable de mise en œuvre de situations de polyvalence professionnelle et de s'aider du canevas des quatre éléments pour aboutir à un résultat satisfaisant.

Si la négociation n'aboutit pas, on risque de fixer un classement, un niveau hiérarchique et un salaire de façon purement arbitraire sans fondement solide, en se fiant plus à l'intuition qu'à des faits précis.

Dans ces conditions on atteint forcément ce que l'on constate dans beaucoup de structures, c'est-à-dire un rejet des situations de polyvalence, entraînant gaspillage de valeurs et de talents mobilisables sur place, pour faire appel à du personnel extérieur qui augmente les coûts en ne donne pas toujours pleinement satisfaction.

■ *Les travailleurs peu qualifiés*

Un des principaux arguments syndicaux en faveur de la polyvalence, se situe sur l'aide aux travailleurs peu ou pas qualifiés. Ces derniers ont l'opportunité de s'engager dans une ou plusieurs voies, leur permettant d'accéder à des postes ou à des fonctions avec une réelle qualification, ou de changer de poste afin d'obtenir une meilleure qualification, un niveau plus élevé et un meilleur salaire.

> **Pour les travailleurs peu qualifiés, la porte est ouverte au droit à changer d'emploi, d'affirmer une réelle volonté d'insertion par la reconnaissance d'une vraie qualification.**

Pour les travailleurs peu qualifiés, la porte est ouverte au droit à changer d'emploi, d'apprendre à travailler dans d'autres secteurs de la structure, de connaître d'autres types de matériels, d'affirmer une réelle volonté d'insertion, d'intégration, par la reconnaissance d'une vraie qualification.

■ *Les travailleurs qualifiés*

Pour les travailleurs qualifiés, il s'agit non seulement de faire reconnaître leur qualification réelle mais de mettre sur pied des possibilités de revendication d'emplois plus qualifiés, c'est-à-dire d'un niveau plus élevé.

En ce sens, la polyvalence se trouve grandie. La prise de conscience des syndicats et l'acceptation peuvent constituer une sorte de tremplin professionnel engendrant une technique supplémentaire de classification par rapport à la négociation de base.

■ *La révision des grilles de classification*

On peut également penser la polyvalence comme un moyen de révision des classifications, dû en particulier au progrès technologique, qui rapproche certains métiers au point qu'il devient possible de parler de regroupement de métiers ; le travail devient plus intéressant, moins compartimenté, permettant des permutations plus aisées. C'est le cas de l'informatique avec la maîtrise simultanée de plusieurs logiciels.

Deux comptables polyvalents : le niveau de classification à l'embauche

Deux comptables sont chargés de faire de l'analyse statistique, de réaliser des banques de données ou de faire des mailings commerciaux sans entrer dans de fastidieuses techniques.

Il s'agit, dans cette situation, non seulement de faire reconnaître une progression de la qualification de base du comptable mais aussi de reconnaître sa capacité à occuper plusieurs emplois, en lui donnant l'occasion d'exercer réellement ses multiples compétences en regroupant certains emplois sur un seul.

Le regroupement de métiers entraîne, du coup, le regroupement de services (le service administration commerciale, statistiques et comptabilité sont réunis) et des luttes pour réduire les catégories d'emplois (diminuer les écarts de salaires avec des classifications collectives). Pour ces cas, le contrôle du travail est remis en question.

Les syndicats sont toujours très attentifs aux restructurations. À la suite de restructurations, succède, en principe, une révision des grilles de classifications. La technique la plus couramment utilisée est de protéger les salariés présents à des niveaux satisfaisants sur des grilles de classification et d'intégrer les nouveaux salariés à moindre niveau.

Deux comptables, suite...

Revenons aux deux comptables : il est certain que les deux anciens seront laissés au niveau supérieur et que les nouveaux devront faire un travail polyvalent pour un niveau moins élevé. Dans ces cas, les positions syndicales sont plutôt en défaveur de la polyvalence professionnelle.

Revenons aussi sur la notion de collectif de travail : si tous les individus deviennent interchangeables au point que seule la production compte au détriment des individus qui la pilotent, on peut alors parler de perte du contrôle individuel du rendement. C'est comme si la collectivité du groupe de travailleurs assurait la responsabilité globale de la production, indépendamment de chaque individu. Cet incroyable scénario a déjà été évoqué au point que les syndicats ont vu un dangereux amalgame entre rentabilité et collectivisation de la rentabilité.

Les conflits liés à la polyvalence

Les syndicats sont amenés à régler, avec les managers, des conflits liés à la polyvalence professionnelle. Comment naissent les conflits par rapport aux situations de polyvalence professionnelle ? Tout conflit est le résultat d'un état qui a débuté sur un terrain non stabilisé et qui a, par la suite, dégénéré. C'est à peu près ce qui caractérise tous les conflits que l'on connaît dans le monde du travail.

À partir des dysfonctionnements de l'organisation sur la formalisation des solutions trouvées par les salariés les moins qualifiés, on peut concevoir une alliance entre les subordonnés et la hiérarchie, visant à reconfigurer les prérogatives dans la distribution et l'articulation du travail et des rôles.

Organisation hiérarchique et organisation des compétences se recoupent en grande partie. Les conflits surviennent lorsque s'installent un ou plusieurs niveaux d'inadéquation entre ces deux éléments. Le plus souvent, l'inadéquation se fait quand un individu montre des compétences supérieures à sa position hiérarchique. La situation inverse correspond au fameux principe de Peter. Les plus récalcitrants sur le plan professionnel se sentent alors dessaisis de leurs savoirs directs, des savoirs informels et parfois transgressifs qu'ils ont mis au point par l'expérience et qui leur assurent une autonomie dans l'exercice de leurs tâches.

Deux réalités peuvent aussi coexister, où s'affrontent, d'une part, les pratiques et compétences des individus prêts à affronter diverses difficultés professionnelles et, d'autre part, la hiérarchie de pouvoir qui peut figer l'ensemble des rouages de l'organisation. La complexité d'une activité est souvent ignorée par les individus eux-mêmes. On constate une spécificité de l'intelligence collective et la dimension créative du travail humain lorsqu'il échappe aux procédures et aux consignes d'une hiérarchie trop ancrée dans ses certitudes. Travailler sur le mode opératoire de la collaboration acquise dans le travail lui-même est une source d'autonomie qui génère inéluctablement de l'inquiétude, des résistances, de nouvelles inerties visant à réduire les zones d'incertitude apparues avec la perspective des alternatives telles que la polyvalence professionnelle.

Les syndicats apportent leur contribution pour défendre les intérêts des polyvalents.

La polyvalence est, par son caractère mouvant, particulièrement propice au déclenchement de conflit. Les syndicats jouant un rôle primordial dans la négociation et le dénouement des conflits, ce peut être favorable à une analyse en amont, d'où l'instauration d'un système de prévention permanent.

La polyvalence professionnelle ne s'improvise pas. Elle est le résultat d'un subtil équilibre entre les intérêts de la structure et ceux des individus. Quoi de plus normal que les syndicats y apportent leur contribution pour défendre les intérêts des polyvalents ! La polyvalence peut être considérée comme un moyen de déstructuration ou de déqualification de l'individu. Elle doit, en respectant les intérêts de la structure, lui être favorable, d'où la nécessaire intervention des syndicats ou représentants du personnel pour collaborer à sa mise en place, au bien-être des individus concernés mais aussi à la protection des différents possesseurs de spécialités.

On a trop souvent présenté la polyvalence comme un moyen d'uniformisation des salariés avec déspécialisation[1].

Si l'on ne veut pas arriver à un tel constat, il est souhaitable que, dans un processus d'intégration globale, la polyvalence obtienne une place salutaire en équilibre, dirigée par les managers et contrôlée par les syndicats. C'est, à notre avis, le prix à payer afin qu'il n'y ait pas de dérapage dans un sens ou dans l'autre.

---

1. Déspécialisation : vider le sens et le contenu de ce qui faisait la spécificité et l'intégration du salarié.

4

POLYVALENCE ET MULTIPOLARITÉ

LA POLITIQUE DE GESTION PRÉVISIONNELLE DES RESSOURCES HUMAINES

La gestion prévisionnelle des ressources humaines

Le mouvement de réflexion sur l'anticipation stratégique ou prévisionnelle en ressources humaines se résume à un concept simple issu de la tradition taylorienne de l'adaptation à l'emploi, selon laquelle l'adéquation ressource ou individu et l'organisation sont en interaction. Gérer les ressources humaines est une activité liée à l'équilibre entre l'offre et la demande de travail, elle reste essentiellement collective ou quantitative. Depuis peu, se développe un concept de planification organisationnelle de carrière. Il tend à satisfaire les besoins individuels et structurels dans un souci d'intérêt de l'individu au travail aux plans professionnel et personnel, avec une vision construite du futur. C'est ce qui caractérise la partie innovation de la gestion prévisionnelle des ressources humaines (GPRH). Les décideurs prennent conscience de passer dans une économie de production de plus en plus complexe. La compétitivité ne dépend pas seulement de l'optimisation de la gestion du processus de production, mais aussi d'une augmentation de la qualification de tous les salariés.

> **La gestion prévisionnelle des ressources humaines acquiert une dimension sociale indubitable.**

Ces notions, basées en particulier sur des travaux de recherche, ont démontré un questionnement permanent sur les risques stratégiques liés au défaut de compétences et de vision à long terme dans la gestion des ressources humaines. Initialement, la GPRH pouvait être perçue comme une approche essentiellement économique de l'emploi. Aujourd'hui, elle acquiert une dimension sociale indubitable, qui peut s'expliquer par une prise de conscience de l'organisation et des personnels concernés ; on entre dans une stratégie « gagnant-gagnant » où l'ensemble des acteurs va y trouver des avantages.

La définition de la GPRH est la suivante : « La conception, la mise en œuvre et le suivi politique de plans d'actions cohérents visant à réduire de façon anticipée les écarts entre les besoins et les ressources humaines en fonction de plans stratégiques de l'entreprise ou de l'institution en impliquant le salarié dans le cadre d'un projet d'"évolution professionnelle". »

Pour ne pas rester sur des concepts trop généraux, liés à la nature même de la mise en place d'une procédure de gestion prévisionnelle des ressources humaines, il est nécessaire de prolonger les travaux sur des champs ou des schèmes plus précis afin de contribuer à un enrichissement de la démarche de GPRH plus conforme aux réalités de terrain.

Les nouveaux concepts des ressources humaines

Ces dernières décennies, de nombreux concepts ont été créés au sein de la gestion des ressources humaines, notamment : la gestion des compétences, la gestion prévisionnelle des emplois et compétences (GPEC), l'organisation qualifiante, la gestion du changement, les méthodes d'évaluation professionnelle, la flexibilité, etc. Tous ces concepts, d'une brûlante actualité, fondent des questions telles que l'aménagement et la réduction du temps de travail, le remplacement de gros contingents de futurs retraités, le chômage toujours important, le manque de salariés dans certaines qualifications, etc. Notre sujet sur la polyvalence professionnelle en relance la discussion. À partir de ces questions, des messages perturbants ont également été émis envers des salariés qui les ont reçus de façon brouillée.

De nombreux secteurs économiques ont connu un fort développement, accompagné de nombreux décalages par rapport à leurs salariés, qui avaient l'impression d'être spectateurs de leur avenir professionnel et non plus demandeurs pour en être acteurs, donc partie prenante comme ils l'auraient souhaité. Beaucoup de structures sont largement focalisées sur leur objectif principal : « la rentabilité ». Elles se sont peu préoccupées de l'avenir professionnel de leurs salariés, sachant qu'elles se trouvaient, la plupart du temps, dans l'ignorance de leurs potentiels professionnels, entraînant ainsi des manques et des dysfonctionnements pouvant être facilement résorbés. La polyvalence professionnelle intégrée dans la gestion des ressources humaines nous amène à la situer dans une méthode globale intitulée : la « multipolarité profes-sionnelle ».

La multipolarité professionnelle

Notre objectif s'est concentré sur la réponse à la question suivante :

« Dans quelle mesure les individus peuvent-ils faire état de l'ensemble des éléments personnels et professionnels susceptibles d'influer sur leur avenir professionnel ; dans quelle mesure, les structures peuvent-elles en avoir connaissance et les exploiter au mieux de leurs intérêts et ceux de leurs salariés ? »

La question ainsi posée a suscité de nombreuses réactions : la question est double, elle concerne à la fois le salarié et la structure ; la démarche se veut globale, elle englobe à la fois la **connaissance des données personnelles et professionnelles** de l'individu, tout comme une impli-cation de la structure dans le processus ; les intérêts sont recherchés dans les deux parties, il n'y a donc pas, *a priori*, de lutte entre les salariés et la structure ; la transparence et le libre jeu démocratique sont de rigueur. On assiste à une volonté de changement et de pro-gression ; une nécessité de se placer dans le présent, mais aussi dans l'avenir ; une authentique volonté de ne pas rester au stade de projet mais de passer à des réalités concrètes telle que les situations de poly-valence professionnelle. La méthode déployée s'inscrit dans la politi-que de la structure et adopte une stratégie à long terme. Il n'y a pas de fausses promesses. Bien d'autres réactions ont été soulevées, appor-tant la conviction que le but devait être atteint, car l'enjeu est de taille.

> **Un individu est riche de nom-breux éléments professionnels ou personnels acquis à travers son passé sur des aspects très variés.**

La multipolarité professionnelle consiste à mettre en place une méthode d'évaluation des individus afin de mieux les connaître, en particulier sur des éléments liés à d'autres aspects que leur travail dans un service de la structure. Un individu est riche de nombreux éléments profes-sionnels ou personnels acquis à travers son passé sur des aspects très variés ; la structure a donc intérêt à mettre en place un système de connaissance et reconnaissance de ces acquis ; elle peut s'en servir pour répondre à des besoins ponctuels ou permanents, présents ou futurs, tels que l'on peut les voir dans la polyvalence professionnelle.

La gestion prévisionnelle des emplois et compétences (GPEC) a été un cadre de référence important, en particulier dans un concept simple : l'emploi type, qui a toujours cours en matière de gestion des ressources humaines et gestion anticipative des emplois et compétences. La notion de qualification a fortement évolué, en particulier à travers les fiches de poste : l'individualisation du métier semble être la voie vers laquelle se dirigent de nombreux secteurs de la structure. Cependant, la GPEC est limitée dans son approche pragmatique ; il semble nécessaire de passer sur un système plus ouvert, en conformité avec les besoins des salariés et de la structure.

La méthode de multipolarité professionnelle a pour fondement la GPEC. Elle est davantage une ouverture à d'autres aspects tels que la compétence, la multicompétence, la multivalence, la polyvalence à travers la connaissance d'autres métiers, d'autres secteurs de la structure, d'autres qualifications. On peut voir un individu au travail à travers un angle de vue suffisamment large pour en cerner tous les contours et non sur le métier qu'il exerce sur un lieu donné à un point précis du temps. La photographie instantanée de l'homme au travail ne donne qu'une vision partielle à dépasser pour en montrer tous les avantages.

La méthode s'organise en huit étapes et débute par la prise en compte des travaux préalablement effectués. Un système d'évaluation termine la validation et la certification. Une telle méthode doit, pour certains individus, aboutir à une homologation de leurs aptitudes afin d'avoir une reconnaissance réelle et une authentique appréciation de leur valeur.

Exemple

Le nouveau concept de multipolarité professionnelle part de l'ancien concept de polyvalence professionnelle pour arriver vers une définition plus précise de l'adaptation d'un individu à différentes tâches d'exécution et de conception. Il s'accompagne d'une batterie de critères issue de la GPEC, dans un souci d'évolution et de reconnaissance de ce concept au sein du monde du travail qui en est fortement demandeur.

La multipolarité professionnelle, source d'intégration

> **La multipolarité professionnelle découle d'options stratégiques de la direction et s'intègre dans la gestion globale de la structure.**

La multipolarité professionnelle n'est pas une opération « partielle », elle découle d'options stratégiques de la direction et s'intègre dans la gestion globale de la structure.

En liaison avec les représentants du personnel, elle accompagne la démarche. Elle est partie intégrante du projet à long terme dont l'aspect anticipation doit permettre également une meilleure lisibilité vis-à-vis des partenaires et organismes extérieurs. Il ne saurait être question de considérer la multipolarité professionnelle comme une opération « partielle », sans véritable référence stratégique, et de toutes les décisions majeures qui en découlent.

L'axe stratégique principal de la multipolarité professionnelle se porte principalement sur la mobilisation du potentiel en ressources humaines. Par cette approche, la ressource humaine est considérée comme une donnée constitutive du pouvoir de la structure. Les nouveaux enjeux des différents secteurs économiques impliquent la prise en compte de la ressource humaine et de la polyvalence professionnelle comme un ensemble de variables stratégiques et non comme un ensemble de valeurs statiques.

La structure va donc se positionner par rapport à un environnement concurrentiel accru, parfois même pour le secteur public ; des évolutions techniques, technologiques fortes où le progrès des équipements et des savoir-faire est de rigueur ; la nécessité d'optimiser l'ensemble des facteurs de production en particulier par l'organisation générale ; l'évolution sociologique et les attentes des salariés. L'aspiration des salariés à connaître, à choisir leur futur poste en fonction de différents critères fait partie intégrante de cette réalité de nouvelle conception de la gestion des ressources humaines qui se projette dans le futur et évite le pilotage à vue. Les coûts directs et indirects ont leur importance. Toute démarche suppose la mise en application de calculs de coûts inhérents au système. Il faut envisager, lors d'une réforme ou d'une modification de l'organisation, toute incidence financière directe ou indirecte qui peut, dans un futur plus ou moins proche, peser lourdement sur les générations suivantes. La structure va également se positionner par rapport à l'adaptation des compétences et le développement des compétences.

```
┌──────────┐         ╭─────────────────╮         ┌──────────┐
│ Individu │ ──────▶ │  Multipolarité  │ ◀────── │ Structure│
│          │         │ professionnelle │         │          │
└──────────┘         ╰─────────────────╯         └──────────┘
```

La multipolarité professionnelle, en tant que gestion prévisionnelle des ressources humaines, est donc un souhait de démarche pragmatique, à portée opérationnelle par un processus ou un ensemble de processus qui vise à optimiser le recrutement, la gestion des mobilités, la gestion des formations par une analyse anticipée des besoins en emplois et compétences ; par une redéfinition du rôle principal de la structure. Elle se recentre sur ses métiers de base ou bien elle développe des activités à forte valeur ajoutée Elle peut également développer des partenariats avec des structures extérieures.

En définitive, la structure cherche à développer une meilleure productivité, mais en concertation avec les personnels concernés, ce qui rend la démarche d'autant plus complexe et originale. Elle adopte une planification permettant de réagir avec souplesse et flexibilité en fonction de scénarios d'activités ; de l'incertitude et de l'évolution rapide de la demande en prenant en compte la ressource humaine.

On constate rapidement que certains modes de régulation besoins/ressources deviennent inadaptés au contexte actuel et constituent le point de départ de la réflexion.

■ Le stop and go

La régulation des besoins/ressources à court terme *stop and go* génère des difficultés d'adaptation à des contraintes sociales et réglementaires ; des coûts de gestion et d'organisation ; un manque de crédibilité auprès des salariés.

■ L'emploi précaire

La régulation des besoins/ressources avec de l'emploi précaire, en conservant un noyau dur de compétences, se traduit par une incapacité à trouver certaines compétences dans un cadre précaire ; une perte progressive de la maîtrise d'un métier ; des contraintes et des pressions sociales ; des risques de divulgations d'informations importantes, voire stratégiques.

> Le problème n'est pas seulement d'adapter des effectifs à court terme, mais de gérer des compétences par rapport au futur.

Le problème n'est pas seulement d'adapter des effectifs à court terme, mais aussi, et de plus en plus, de gérer des compétences par rapport au futur, d'appliquer réellement des notions de « transversalité » et de polyvalence. Il faudra faire autre chose, autrement, avec le même type de personnes.

Certaines fonctions se voient reconnaître un rôle majeur dans la structure, nécessitant une reprofessionnalisation rapide. La multipolarité professionnelle permet l'identification, la description des compétences nouvelles requises par ces emplois et met en œuvre un système de formation efficace, organisée, structurée.

Certains services vont connaître des réductions de charge alors que d'autres connaissent des périodes de surcharge avec une prévision qui s'avère souvent juste. Équilibrer les charges nécessite que les services parlent le même langage pour déterminer les ressources disponibles sur une activité et les ressources requises pour une autre. La multipolarité professionnelle permet de définir les proximités de compétences, les passerelles et d'identifier les sur ou sous-effectifs professionnels, donc de réduire les déséquilibres de charge.

La gestion des mouvements, pour des raisons d'adaptation structurelle ou conjoncturelle peut être difficile à expliquer si l'on ne sait pas comparer les ressources des hommes aux compétences requises par les métiers de la structure. La multipolarité professionnelle doit permettre à la structure d'acquérir et de conserver les compétences dont elle a besoin pour son développement et de gérer ses mouvements de personnel.

La hiérarchie a, parfois, encore du mal à concevoir la formation comme un investissement et à comprendre que cet effort, pour être efficace, doit répondre à une analyse du besoin qui détermine des actions utiles et utilisées. La multipolarité professionnelle permet de construire le plan de formation en fonction de l'écart constaté entre les profils et les compétences des personnels en place et les compétences requises par les objectifs de la structure. Anticiper les compétences nécessaires à moyen terme permet de définir les priorités de formation dans le cadre d'un budget déterminé.

Exemple

Choix de compétences adaptées au recentrage de l'activité

Une entreprise veut se recentrer sur son métier. Ce faisant, elle risque d'exclure des compétences nécessaires à son indépendance et à son développement. À l'inverse, elle risque de garder des personnels dont les compétences ne correspondent plus à cette volonté de recentrage.

> **La multipolarité professionnelle permet de déterminer les emplois stratégiques.**

La multipolarité professionnelle permet de déterminer les emplois stratégiques, notamment sur les aspects de polyvalence, et d'analyser les compétences requises par ces emplois. Elle permet d'établir une frontière fine entre les activités qu'elle peut sous-traiter et celles qu'elle doit continuer à réaliser elle-même.

L'anticipation des ressources humaines

En qualité d'élément de stratégie, la ressource humaine devient un facteur clé de la compétitivité de la structure Dans la fonction principale d'une structure, la compétitivité va se porter sur la qualité des services rendus ou des biens vendus ; la fiabilité des pratiques professionnelles ; la sécurité et les conditions de travail ; le temps (rapidité d'exécution, limitation de la durée de traitement) ; la réactivité (par rapport à des problèmes majeurs : surcroît d'activité, nouveaux process).

Un certain nombre de variables majeures de la gestion des ressources humaines vont intervenir : la productivité des salariés ; leurs compétences ; l'aménagement et l'organisation du temps de travail ; la flexibilité ; la mobilité.

D'une variable d'ajustement, la ressource humaine devient une variable stratégique, en interaction avec les autres variables, et en conditionne l'efficacité. La conception que l'on se fait du salarié dans la structure peut engendrer des démarches et des méthodes différentes :

– administrative : adéquation besoins/ressources par optimisation mécanique ;

– participative : le salarié élabore un projet professionnel en lien avec la direction, qui instaure une réelle communication sur l'emploi ;

– volontariste : en communiquant avec les acteurs concernés sur les choix de la structure et sur l'emploi, sur la volonté de responsabiliser l'encadrement dans la conception et la mise en œuvre des plans d'actions. Cette méthode permet une réforme, à court terme, dans une perspective à moyen et à long terme par le développement d'outils d'aide à la décision aux plans collectif et individuel.

L'anticipation n'est pas une simple prévision, elle suppose des choix et une préparation pour se donner les moyens de réagir en conservant une souplesse d'adaptation.

La multipolarité professionnelle prend tout son sens lorsqu'elle part de la stratégie pour se concrétiser dans des choix individuels. Ces choix sont liés à la nature de l'offre de la structure et à sa capacité à répondre aux questions principales de l'individu.

La multipolarité professionnelle, progressivement élaborée et utilisée dans les structures, prend en compte deux préoccupations nouvelles.

Pluridimensionnelle. Au lieu de se contenter de classer les emplois ou les individus selon une seule dimension (en correspondance étroite avec la rémunération), elles doivent permettre le repérage et la gestion de leurs caractéristiques essentielles, notamment, des possibilités de rebondir sur des situations de polyvalence professionnelle.

Dynamique. Au lieu de se contenter de rechercher l'adéquation poste/personne à un moment donné, elles doivent permettre le repérage et la gestion, le potentiel des individus, et proposer des trajectoires professionnelles mettant en relation différents postes dans différents secteurs de la structure.

Parée de toutes les vertus par les uns, considérée avec mépris par les autres, la polyvalence professionnelle est l'un des thèmes de la négociation d'entreprise les plus en vogue. Si ce succès a des raisons objectives, il s'explique aussi par ce qu'une telle négociation présuppose et par ce qu'elle induit. La polyvalence professionnelle a été utilisée comme méthode et, aux dires de certains, comme une arme pour régler le problème des sureffectifs, notamment dans les années quatre-vingt et quatre-vingt-dix. Depuis, le concept a beaucoup évolué pour se transformer en un outil de gestion des ressources humaines avec une particularité majeure : la concertation.

> **La polyvalence professionnelle est l'un des thèmes de la négociation d'entreprise les plus en vogue.**

À l'origine de la polyvalence professionnelle, des méthodes de gestion des ressources humaines, telles que la GPEC, permettent de reclasser des salariés en sureffectifs et de combattre les licenciements secs. De nos jours, la multipolarité professionnelle est une méthode d'évaluation globale de la force des ressources humaines. Ces méthodes ayant fait leurs preuves, on les retrouve comme élément de gestion des ressources humaines et de stratégie de la structure.

Fait majeur : on a transformé l'arme de lutte contre les sureffectifs en véritable système de gestion prévisionnelle, dans lequel on ne se contente plus d'imposer des solutions mais plutôt de rechercher, par la voie du dialogue, de la concertation et même de la parité, tout moyen à mettre en œuvre pour préserver l'emploi, développer les compétences, assurer la mobilité, développer la flexibilité et les formes de polyvalence professionnelle, aménager et réduire le temps de travail, etc., dans un état d'esprit satisfaisant tous les salariés, y compris les managers.

La structure : accélérateur d'intégration

Dans notre étude sur la polyvalence professionnelle, la structure joue un rôle considérable dans l'approche globale de l'individu. Elle est partie prenante du système par le fait qu'elle constitue l'environnement direct dans lequel l'évaluation va pouvoir être faite. Elle est aussi demandeuse et également bénéficiaire dans la connaissance du potentiel professionnel du salarié, donc de son exploitation, ce qui introduit l'environnement professionnel, avec l'individu, comme élément de bipolarité dans la multipolarité professionnelle.

Face à la pression de cet environnement socio-économique, les structures font le constat des limites du schéma d'organisation traditionnel qui les caractérise. La compétitivité et la performance apparaissent par la vigilance collective nécessaire au progrès permanent d'un processus relevant souvent du détail. L'organisation traditionnelle, qui sectorise les tâches de chacun, constitue un frein à la réactivité et à l'innovation. La performance globale passe donc par la réactivité et l'intelligence collective des membres de l'organisation. Elles impliquent nécessairement une plus grande écoute et la responsabilisation de chaque salarié, détenteur de cette connaissance approfondie, qui constitue le travail de chacun. Dans la mesure où l'acquisition de connaissances techniques et transverses, d'une part, et l'acquisition de connaissances par démultiplication des acquis, d'autre part, favorisent à l'intérieur de la structure des stratégies de coopération, on en arrive à redéfinir le concept de structure ; il est la résultante des capacités et des savoirs fournis par l'organisation et de son système d'acteurs.

> **La dynamique de progrès d'organisation du travail se traduit par une capitalisation des connaissances et de l'information** ; la notion de performance entre dans une phase de synergie collective retranscrite dans une prise de conscience globale de la notion de responsabilité collective. En ce sens, on peut parler de culture basée sur l'intelligence collective de la structure. Si la structure est figée dans ses croyances, toute l'architecture de l'organisation risque de s'immobiliser. Les salariés évoluant à l'intérieur perçoivent ainsi un message de force mais aussi une message de fragilité, qui ne vont pas les laisser indifférents.

La dynamique de progrès d'organisation du travail se traduit par une capitalisation des connaissances et de l'information.

Cette approche va à l'encontre de la division scientifique du travail et fait émerger l'idée de polyvalence des métiers. Elle met en avant le fonctionnement de l'organisation où chaque individu devient, par son rôle, un élément important du système, avec la nécessité de penser conjointement à la contribution de chacun par une efficacité globale. La structure s'apparente à un *système d'homéostasie*, c'est-à-dire une harmonie interne et la capacité pour elle de retrouver un point d'équilibre, de maintien, chaque fois qu'il y aurait un déséquilibre. Les différentes applications mises en place dans l'organisation sont un vecteur essentiel de développement et d'épanouissement de l'individu dans sa vie professionnelle. Nous allons voir que cet aspect est positif pour la structure qui adopte une telle politique.

Le développement de compétences fait émerger le qualificatif « apprenant » appliqué à l'organisation, qui est, à lui seul, une petite révolution culturelle. Dans une telle logique, la structure devient un sujet à part entière, un être de projet capable de capitaliser sur son histoire et sur le collectif de ses ressources humaines. Cette logique n'est plus conçue comme la matière sur laquelle vient s'exprimer la volonté de tel ou tel de ses dirigeants ou de ses cadres de direction. La fonction ressources humaines devient ici le lieu privilégié dans l'accord contractuel de partenariat qui s'établit entre le salarié et son employeur, à l'heure où la flexibilité devient la valeur suprême. Accord dont la dimension morale tend à croître d'autant plus que la dimension strictement légale, obligatoire, diminue. Le salarié devient donc le manager de lui-même ; il ne confie plus son destin de façon aveugle à des institutions de base telles que l'école, le collège, l'université et l'employeur, mais reprend les rênes d'un système où il se veut l'acteur de son propre destin.

> Le salarié devient le manager de lui-même ; il ne confie plus son destin de façon aveugle à des institutions.

Ce changement est radical, y compris au niveau de la fonction publique. Si l'on compare un métier, infirmière, par exemple : le cursus d'enseignement est le même, le diplôme d'État délivré par un institut de formation de soins infirmiers. Le développement de carrière, différent, va être largement piloté par l'individu et par la structure hospitalière qui l'emploie.

Ce n'est pas nouveau. Ce qui est nouveau, c'est la volonté affirmée de ces professionnels de copiloter leur carrière avec les dirigeants de l'hôpital. Les raisons en sont les suivantes : les métiers deviennent de plus en plus techniques avec des spécialisations croissantes ; les hôpitaux ont des tailles et des missions complètement différentes les unes des autres ; les personnels aspirent à la prise en compte de données personnelles dans leur carrière professionnelle (vie de famille, niveau d'études, temps partiels, etc.) ; les déroulements de carrières sont de moins en moins linéaires ; la recherche de la meilleure adéquation possible entre les caractéristiques du travail et la personne qui l'effectue ; l'emploi peut être modifié pour s'adapter aux compétences des personnes qui sont amenées à l'exercer. D'une façon générale, la structuration du travail peut être définie comme l'ensemble des facteurs inhérents au travail lui-même : méthodes à utiliser, complexité des tâches, relations avec un certain type de travail et les autres activités au sein de l'organisation et enfin, interdépendance entre technologie et travailleur.

Antoine Riboud [1] suggérait, dans un petit ouvrage devenu célèbre, des pistes pragmatiques de modernisation des entreprises. Modifier les

---

1. Antoine Riboud, *Modernisation, mode d'emploi. Rapport au Premier ministre*, Union générale d'éditions, coll. « 10/18 », 1987.

La structure n'est plus seulement posée comme lieu d'emploi mais comme un moyen générateur d'identité professionnelle.

situations de travail en favorisant l'accessibilité des individus à un objectif plus conforme à leurs aspirations, tout en renforçant les moyens d'adaptation des entreprises. La structure n'est plus seulement posée comme lieu d'emploi mais comme un moyen générateur d'identité professionnelle où chaque individu devient une part du capital humain, dans le sens noble du terme, la valeur étant le point principal. La tâche est bien de soutenir ce passage d'une logique de division du travail traditionnel taylorien à un courant de démocratie dans les organisations.

Construire, de manière à le rendre productif, cet espace de transition entre individus et organisation, entre un modèle ancien et un autre qui se cherche, entre formation et emploi, voilà qui semble constituer le point focal de la situation à laquelle doivent faire face les salariés actuels. Aujourd'hui, le bilan de l'« organisation qualifiante » est toujours en mutation car les systèmes de gestion, encore à bien des égards « néotayloriens », n'ont pas suffisamment évolué parallèlement à l'organisation du travail. Cette vision pessimiste nous incite à construire un système d'évaluation permettant de présenter des données fiables sur le système d'organisation qualifiante : la possibilité donnée à chaque membre de se projeter dans l'avenir ; de présenter et faire évaluer ses capacités, de connaître les besoins de la structure.

POLYVALENCE, TRANSVERSALITÉ ET MULTICOMPÉTENCES

L'observation du travail et de la méthode

Le groupe n'a jamais, ni ne peut avoir le type d'existence métaphysique qu'on cherche à lui donner ; dans le marxisme, il n'y a que des hommes et des relations réelles entre les hommes. De ce point de vue, le groupe, dans un environnement professionnel, n'est qu'une représentation des relations. Toute question de méthode d'étude du travail humain sera d'abord et surtout une question d'étude de l'individu. Dans la structure apparaît une composante fondamentale des relations humaines mise en forme sous le vocable de gestion des ressources humaines.

La démarche pour observer le travail humain, en particulier sur les aspects de polyvalence professionnelle, s'organise de la façon suivante :

– observer les activités propres à la situation ainsi que les personnes et les éléments physiques liés à la situation ;

– être constamment d'une grande vigilance par rapport à tout ce qui se fait, se dit, se passe, afin de garder une objectivité constructive.

La méthode d'observation du travail est donc un subtil mélange d'objectivité et de subjectivité dont le dosage et l'évaluation en font un atout incontestable mais aussi un inconvénient à surmonter car le fragile équilibre de ce mélange peut entraîner une démarche faussée.

L'expérimentation sur le terrain

Reste donc l'expérimentation réelle sur le terrain pour se rendre compte si l'analyse est transférable et exploitable dans la réalité profession-nelle. La polyvalence existe à l'état désordonné et ne correspond à rien d'authentique et d'établi. C'est une des raisons qui pousse à la refor-mulation et à la précision avec pour thème : la « multipolarité profes-sionnelle ». Les éléments de questionnement sur ce thème sont fort nombreux et intéressent les équipes professionnelles sur le terrain.

PRISE EN COMPTE DE L'EXPÉRIENCE ET DU POTENTIEL PERSONNEL

Le potentiel humain constitue un des éléments majeurs caractérisant les individus susceptibles de se porter sur des situations de polyvalence professionnelle.

Les différentes conceptions du potentiel

> **Le potentiel est relativement abs-trait, il présente de nombreuses inconnues liées au fait qu'il est indispensable de mettre en œuvre les conditions nécessaires à son émergence.**

Le terme « potentiel » s'applique dans la littérature française à tout élément ou système, simple ou complexe, concret ou abstrait, suscep-tible d'évolution, c'est-à-dire de changement dans un sens positif. À partir du moment ou l'on envisage une évolution, on évoque un stock de ressources ou de moyens existants. Cette acception peut être appli-quée à un individu et ce, quelle que soit sa condition sociale ou sa position dans la hiérarchie d'une structure. Cependant, le potentiel est relativement abstrait, il présente de nombreuses inconnues liées au fait qu'il est indispensable de mettre en œuvre les conditions nécessaires à son émergence, au risque de ne jamais pouvoir l'apprécier.

Deux conceptions apparaissent, opposées mais complémentaires, du potentiel que l'on trouve dans la littérature :

– l'une, visant à considérer l'individu comme un être doté de possibilités d'évolution, que l'on peut appeler moyens, ressources, capacités, instinct, dons, etc. Cette conception peut être qualifiée de potentiel naturel ;

– l'autre, visant à considérer l'individu à l'état brut, en constante évolution par le développement de moyens qu'il acquiert. Cette seconde conception est la représentation de l'homme, être de nature, mais surtout de culture. Cette conception peut être qualifiée de potentiel culturel.

On peut d'ores et déjà constater que la notion de potentiel, et de son appréhension, est complexe. Il est difficile d'en mesurer la réalité probante et de mettre l'individu dans des situations idéales pour en assurer une mesure fiable. Ainsi, chacun dispose d'un potentiel, qu'il gère au mieux, des aléas de sa vie professionnelle, en l'enrichissant par des actions de formation et l'apprentissage par la voie de l'expérience.

D'entrée de jeu apparaît la conception du « capital humain ». Selon l'OCDE, il peut être défini comme désignant les connaissances, les qualifications, les compétences et les autres qualités que possède un individu et qui intéressent l'activité économique. Le capital humain est donc un concept qui traduit la valeur attribuée aux qualités dans lesquelles on investit. Le potentiel, inclus dans le capital humain, est associé à la notion de « non-expression » : si l'on remonte plus avant dans la notion de potentiel, on arrive à l'embryon de la caractéristique latente d'un individu, à exprimer ce qu'il peut posséder de capacités innées, qualifiées d'aptitudes. À cela, on ajoute le concept de compétence et surtout la volonté d'évolution qui joue un rôle souvent majeur dans la définition du potentiel et que l'on peut résumer par : des compétences en action ; des compétences réelles mais non encore dévoilées ; des aptitudes existantes mais non encore révélées ainsi que des aspirations d'évolution du salarié.

En dernier lieu, on peut faire référence au caractère comportemental d'un individu, c'est-à-dire ne considérer l'individu que parce qu'il est susceptible de devenir et non de le figer pour ce qu'il est aujourd'hui. Le potentiel souligne l'individu dans sa nature globale et évolutive.

Beaucoup d'auteurs parlent du devenir humain, l'homme maître de son destin, le « destin professionnel ». Il n'est pas évident que l'individu, dans le monde du travail, puisse maîtriser son destin professionnel en dehors de l'organisation dans laquelle il évolue. Chaque individu se développe en fonction du milieu dans lequel il se meut. Il n'y a pas de peuples sous-développés ou en voie de développement, il y a seulement des peuples qui ont évolué en fonction de leur milieu [Lévi-

Strauss, 1984]. On trouve une réelle interaction entre l'individu et la structure, l'organisation dans laquelle il évolue et par laquelle il pourra exprimer toute la force et la vigueur de son potentiel. L'expression de la polyvalence est donc une prise en compte du caractère interactif de l'individu et de la structure dans laquelle il se situe.

Cette analyse doit se garder de tout élitisme réducteur car chaque individu possède son potentiel d'évolution, ce qui conduit à développer la recherche du potentiel à toute la population. Il convient donc de détecter le potentiel d'un individu afin de l'aider à se positionner et permettre à la structure d'optimiser au mieux le potentiel de ses salariés.

L'expression du potentiel

Dans l'approche graduelle de la polyvalence professionnelle, l'individu traverse des périodes, avec des paliers dans sa vie professionnelle, lui permettant ainsi de prendre conscience de ses capacités professionnelles à travers ses premières confrontations avec le monde du travail. Dans ce type d'analyse, le salarié distingue des valeurs fondamentales dans sa carrière, constituant l'édifice d'un système d'interaction avec l'environnement professionnel. À ce stade, on aborde les différentes approches de la compétence, notamment dans son accroissement à travers la maîtrise d'un métier. Les compétences managériales permettent aussi de prendre des responsabilités plus importantes et la possibilité de grimper dans la hiérarchie.

▶ **Les compéten-ces managériales permettent de prendre des res-ponsabilités plus importantes et la possibilité de grimper dans la hiérarchie.**

La polyvalence professionnelle favorise l'interaction du développement en liant l'individu à la structure par la fixation d'un autre objectif, chaque fois que le précédent est atteint. Ainsi, l'objectif d'un individu atteint par la réalisation du « Soi » n'est pas forcément lié à une plus grande spécialisation en terme de métier mais à l'accomplissement d'une mission dans la recherche de satisfaction personnelle et d'épanouissement à travers le contexte professionnel.

Les facteurs constitutifs du potentiel

L'inné. Ce que l'on possède en naissant. Tout individu naît avec des prédispositions qu'il est difficile de mesurer par rapport à l'acquis.

L'acquis. L'environnement extérieur et ses déterminants influencent l'individu par un dénominateur commun que l'on peut résumer par le terme « culture », dont le contact régulier modifie et amplifie l'inné.

Dans l'approche de Bourdieu [1974], la notion d'**habitus** se caractérise chez un individu par l'aptitude à se mouvoir, à agir, à s'orienter selon la position qu'il occupe au départ dans l'espace social. Dans cet ordre d'idée, ceci nous permet de dire que si l'espace social, et notamment professionnel, est d'une plus grande accessibilité, il permettra plus facilement à l'individu de trouver la plénitude de ses possibilités et les moyens de leur mise en œuvre.

Bourdieu insiste sur l'**habitus** qu'il caractérise par un ensemble systématique de principes simples et partiellement substituables, à partir desquels peuvent être inventées une infinité de solutions. En fait, le réel déterminisme social d'un individu peut, d'une part, dépendre de ses conditions de départ (par exemple : la petite enfance ou l'environnement professionnel) ; d'autre part, par sa réactivité et sa volonté de vouloir évoluer en fonction de repères professionnels précis, comme le fait d'accéder à un grade supérieur.

Comportement général du salarié. Il se caractérise principalement par l'influence des objectifs personnels et par l'ensemble des opportunités de situations offertes pour atteindre ses buts. En matière de culture d'entreprise, un individu va rechercher les valeurs organisationnelles extrêmes dans lesquelles il va pouvoir mettre à profit ses capacités, s'impliquer, et obtenir le maximum de satisfaction possible.

Comportement actif par l'apprentissage. Le processus d'apprentissage est le moyen le plus direct de démontrer ses capacités. L'accumulation de l'apprentissage par la mise en pratique constitue l'expérience : la rotation des postes, par un système de polyvalence professionnelle développant une palette plus large de possibilités et, surtout, de meilleures connaissances de celles-ci, engendre des comportements actifs d'autopilotage de sa carrière professionnelle ; l'affectation du salarié sur des tâches en confrontation directe avec la réalité de terrain le porte à se développer en termes de compétences ou capacités ; l'affectation du salarié sur des activités précises, avec des moyens mal définis, engendre des comportements positifs, développant des facultés d'adaptation et de créativité ; l'affectation du salarié sur des activités à hautes responsabilités engendre des résultats ayant un impact important sur la structure ; l'affectation du salarié sur des activités à forte dose de communication et de relations d'influence engendre un comportement de leader et de compétence ; l'affectation du salarié sur des activités avec des relations hiérarchiques difficiles engendre des comportements empreints de forte motivation.

Comportement des dirigeants de l'organisation. Chaque dirigeant de l'organisation a toujours des attentes fortes vis-à-vis des individus qui la composent. L'effet induit va se traduire par un surpassement des individus auxquels on assigne des objectifs ambitieux.

Si les objectifs sont atteints, les comportement des dirigeants, et par conséquent le comportement des individus, vont se modifier, créant un cercle vertueux favorisant l'émergence de l'expression du potentiel. A contrario, si les dirigeants ont un comportement répressif ou coercitif à base de sanctions ou de récompenses, cela ne peut pas engendrer l'expression du potentiel.

Comportement stratégique. Il se définit comme l'interaction cognitive, émotionnelle et territoriale des dirigeants (pouvoirs) ; une nouvelle manière de penser de façon comportementale et non pas seulement analytique. Les dirigeants ont une vision schizophrénique de la prise de décision : en théorie, ils visent le processus idéal en termes très rationnels, alors que, dans la pratique, ils apportent une réponse réactive aux contraintes et pressions. En conséquence, le comportement des dirigeants va être étroitement complémentaire aux décisions stratégiques de l'organisation, en particulier pour le mode de management, d'ouverture d'esprit et de motivation des salariés. Une des meilleures attitudes de comportement stratégique des dirigeants consiste à accorder une réelle autonomie à l'individu en allégeant la pression face à la conformité et à la standardisation des règles de comportement dans la structure favorisée en partie par les situations de polyvalence professionnelle.

L'individu dispose d'un authentique pouvoir personnel qui l'amènera à choisir son comportement et ses attitudes, le conduisant à une grande capacité de changement professionnel.

Autodécision sur le long terme. Chaque individu se forge un projet professionnel en fonction de ses aspirations et de son contexte professionnel ; sans pour autant être figé, cet objectif constitue une base fondamentale dans l'évolution de sa carrière. Toute l'énergie va se concentrer sur ce but principal en terme d'évolution hiérarchique mais aussi en terme d'aspiration vers d'autres fonctions, métiers ou secteurs d'activité.

L'atteinte de cet objectif reflète un sentiment de satisfaction et renforce la capacité de l'individu à se mouvoir plus facilement vers des configurations professionnelles plus proches de ses attentes. Le projet professionnel est l'une des composantes majeures du projet personnel, ou projet de vie, dans lequel l'individu va introduire l'ensemble des éléments constitutifs de son bonheur personnel, en terme de réussite générale de sa vie (famille, santé, argent, etc.).

La chance est également une donnée forte du projet de vie. Les circonstances générales pour la rencontrer restent le plus sûr moyen de réussite. À ce titre, on peut souligner l'importance des écarts entre réussite professionnelle (réussir dans la vie) et réussite personnelle (réussir sa vie). Or, l'organisation peut, dans une mesure certaine, procurer une partie du besoin de satisfaction professionnelle lié au besoin de satisfaction personnelle (enquête sur les effets de l'ARTT, loi Aubry).

UTILITE DE LA MESURE ET DE L'EVALUATION DES POLYVALENTS

L'évaluation : reconnaissance de l'individu à multicritères

L'évaluation professionnelle est une des notions clés de la gestion de l'emploi dans la pratique des ressources humaines. La charge de cette gestion est mixte : elle est dévolue à la fois à l'évaluateur et à l'évalué. Sur l'évaluation, repose la capacité des salariés à apporter la preuve de leur niveau, même si celle-ci semble imparfaite. Elle n'en constitue pas moins un commencement d'acceptation du niveau : répondre aux besoins du présent et du futur.

Évaluer c'est quantifier des notions qui paraissent abstraites ou, du moins, difficilement acceptables si l'on n'y apporte pas un jugement de valeur.

Dans tout jugement de valeur il y a une marge d'erreur et de subjectivité à prendre en compte pour estimer au plus près, au risque de créer des précédents qui pourraient se révéler regrettables au moment de la mise en pratique.

───────────────────────────────
Exemple

L'incontournable jugement de valeur

Dans l'affirmation « connaissance des outils informatiques », que pourrait être la véritable question si l'on n'y apportait pas un jugement de valeur ? On peut, sans prendre de risque, affirmer que l'on est réellement débutant ou expert dans le domaine. Pourtant, l'affirmation « connaissance des outils informatiques » sera toujours la même. Ceci explique en grande partie que nous ayons fait le choix de passer sur un système d'évaluation dans le cadre de la démarche de multipolarité professionnelle.

De nombreux auteurs se sont intéressés à ce thème, apportant des éclairages et des critiques dont il a fallu tenir compte. Il nous est donc apparu essentiel de clarifier la notion de potentiel, indispensable dans la démarche d'évaluation de la multipolarité professionnelle.

La mise en œuvre de l'évaluation

L'évaluation comporte beaucoup de synonymes. Il est fortement utile de montrer leur caractère équivalent, même s'ils mettent l'accent sur des aspects très particuliers. Le concept d'évaluation est très ambigu, il revêt des significations différentes d'un individu à l'autre, qu'ils soient l'évalué ou l'évaluateur.

Ce préambule introduit une réflexion fondamentale sur l'évaluation, pose des questions de fond sur son authenticité, son objectivité, son ambivalence, sa difficulté d'interprétation, sa fiabilité, et même sur la probité des évaluateurs. On en vient presque, vu toutes les critiques, à se demander pourquoi procéder à des évaluations. Notre réflexion se porte plutôt sur l'intérêt de l'évaluation et de sa perception, en dépit de tout ce que l'on peut concevoir comme système d'appréciation ou de jugement professionnel.

L'évaluation professionnelle, enjeu essentiel pour une bonne gestion des ressources humaines, est un système mixte : elle désigne tout autant un processus mis en œuvre que son résultat. L'évaluation est donc un système, basé sur la recherche d'un potentiel professionnel par l'établissement de critères de mesure, le traitement de l'information par l'analyse des réponses, la production d'un jugement de valeur par la présentation d'un avis motivé. On peut aussi définir l'évaluation professionnelle comme une technique permettant de déterminer d'une manière systématique la position relative d'un poste par rapport aux autres dans une hiérarchie de salaires, sur la base de l'importance des tâches afférentes à ce poste.

Prise en compte de la valeur professionnelle dans sa globalité

Le mot « évaluation », avec l'objectif d'évaluation professionnelle, on inclut la notion de *valeur* : il est indispensable d'en définir les contours. Deux termes sont associés au mot valeur : mesurer et juger. *Mesurer,* c'est établir la comparaison d'une grandeur, d'une quantité, d'une « qualité » avec une autre d'une même espèce, prise comme référence. *Juger,* c'est établir une estimation en donnant un avis motivé par rapport à l'opinion émise. La valeur n'est pas une mesure objective mais un jugement par rapport à un objectif de mesure. Le concept de valeur a été amplifié au point que l'on peut appeler « valeur » tout ce qui fait l'objet, soit d'une acceptation ou d'un refus, soit d'un jugement. Notre attitude peut être qualifiée de subjective dans le sens où elle reflète ce que nous désirons, et par là même modifier subjectivement, ou objectivement, la valeur, car les attributs de ce que l'on désire présentent un caractère idéal vers lequel nous tendons.

L'« appréciation » est étroitement liée à la valeur. Étymologiquement, elle se réfère au prix d'une chose plutôt qu'à sa valeur. Elle a pour but d'amener un personne à porter un jugement de valeur sur un phénomène mesurable, quantifiable ou totalement abstrait ; elle va dans le sens de notre étude sur la polyvalence professionnelle. L'appréciation, comparée à l'évaluation, est une notion plus empreinte de subjectivité, moins analytique, plus directe, plus personnelle à l'individu. Il n'est donc pas étonnant de trouver, en gestion des ressources humaines, les termes d'« évaluation » et d'« appréciation », plutôt que le terme « mesure », qui ne laisse aucune place à l'irrationnel qui caractérise l'humain, comparé aux lois naturelles ou physiques qui ne présentent aucune équivoque. La mesure est sous-jacente, incluse dans l'évaluation et assortie d'un jugement de valeur.

Il est frappant de distinguer que, au-delà des techniques proprement dites, la considération de la valeur professionnelle dans les différents pays de l'Union européenne, donc l'introduction de caractères plus sensibles d'un pays à l'autre, font de cette comparaison internationale une approche originale. L'évaluation peut donc revêtir des aspects et des conceptions différents suivant le pays dans lequel on se trouve, notamment les décalages entre les pratiques et les recherches, et leurs causes. Faisant une large place aux questions liées à l'évaluation, si l'on veut être purement objectif sur la notion d'égalité, il est nécessaire de mettre au point des systèmes d'évaluation qui prennent en compte l'individu évoluant dans sa structure et d'abandonner la subjectivité de l'estimation hasardeuse.

Dans le cadre de la multipolarité professionnelle, nous utiliserons, pour les évaluations, des échelles ordinales pour mesurer des variables qualitatives, sur un continuum ordonné, avec des mesures métriques pour donner une valeur quantitative (cotation). Sachant que, en règle générale, les organisations ont une tendance à faire principalement des évaluations quantitatives, le cadre de la multipolarité professionnelle est plutôt un mixage des systèmes d'évaluation qualitative ou quantitative : on va mesurer à la fois des résultats, des comportements, des aptitudes et des traits de personnalité, eux-mêmes liés à la fonction occupée par l'individu et aux buts que poursuit la structure, comme la polyvalence professionnelle.

L'évaluation est un processus : une suite d'opérations, un ensemble d'activités cohérent. Son mode d'interprétation présente les conséquences directes et indirectes que ce processus va avoir sur l'individu et sur un système complexe que l'on peut qualifier de « scientifique », avec toute sa rigueur et sa logique, et l'appréhension de tout ce qui caractérise un individu dans le monde du travail. C'est un véritable passage à l'acte au sens où la réalité de la mesure, et l'intervention d'un jugement, en caractérisent l'authenticité et sa non-rétroactivité.

> **L'évaluation est un processus : une suite d'opérations, un ensemble d'activités cohérent.**

La mesure de la valeur, comparée à un référentiel de base, va servir de trame générale à l'évaluateur ; et à l'autoévaluateur pour le système de multipolarité professionnelle. Ainsi, chaque observation globale sera suivie d'une mesure qui fournit le support d'un jugement de valeur.

La mesure formalise le jugement de valeur ; nous ne cherchons pas à atteindre une performance maximale mais à déterminer une comparaison entre le niveau requis et le niveau actuel du salarié dans sa structure, sachant que le but est de l'aider à se déplacer sur d'autres postes, dans d'autres secteurs. Dans ce cas, le jugement de valeur peut être conditionné par un niveau supérieur ou inférieur : le niveau inférieur va se traduire par des mesures d'accompagnement pour l'atteinte du niveau requis ; le supérieur hiérarchique va aussi susciter une réaction et une décision car il est anormal d'avoir un salarié surdimensionné par rapport au poste. Cet ensemble de mesures et jugements peut être contesté. Nous avons voulu apporter un système de correction et de remise en cause des résultats par une instance d'appel intitulée « conseil de la multipolarité professionnelle ». Elle a pour but de donner la possibilité de contester les résultats, ce qui est une avancée en matière d'évaluation.

Les conditions favorables et originales de l'évaluation

En matière de conditions d'évaluation, soulignons la plus importante : l'« influence » : dans tout type d'organisation, les influences sont multiples et les sources de contrôle constituent des contre-pouvoirs. Bien que l'autonomie des salariés soit tout à fait relative, nous devons en tenir compte et en faire une condition indispensable à la réussite de notre approche. L'ordre établi par les dirigeants, relatif, est influencé par chaque partenaire. Dans une structure, les groupes de pressions sont diversifiés et très puissants, rendant la tâche managériale très complexe. En conséquence, un système d'évaluation tel que celui de la multipolarité professionnelle ne peut être établi que par la concertation et la combinaison des influences de chaque groupe, appelé le « contrôle interactif ». Il requiert à la fois l'existence d'une réciprocité et la reconnaissance d'une autorité légitime et suppose également de partager des valeurs communes. Il est fondé sur l'intériorisation de normes, de valeurs, d'objectifs et de façons de faire ; l'engagement des individus relève, non plus de la soumission, mais de l'implication et de l'identification.

La motivation est interne et non plus externe à l'individu. L'efficacité repose sur la cohérence entre les systèmes de valeurs des individus et celui de l'organisation. Pour comprendre le fonctionnement d'une structure quelconque, grande/petite, publique/privée, l'observateur peut généralement prendre connaissance des règles officielles qui la régissent. Notre approche débute par un recueil d'informations, la plupart du temps d'ordre légal, ou ayant une force réglementaire puissante (emploi type), et respecte les règles déjà établies.

La représentation du processus évaluatif a plusieurs conséquences :

- l'évaluation, ses méthodes et ses effets, ne peuvent donc être compris en dehors de toute l'antériorité de l'ensemble de la politique sociale de la structure ;
- le processus d'évaluation doit être adapté à la spécificité de la structure aussi bien en terme technique qu'en terme humain ;
- l'évaluation sert tout simplement à marquer la souveraineté de l'efficience et non pas du pouvoir où qu'il se situe ;
- l'évaluation tend à la fois, depuis la convergence des buts organisationnels et de la conformité des comportements individuels vers les différentes formes d'organisation possibles dont la polyvalence professionnelle.

La diversité de la représentation, en fonction des itinéraires individuels, des types de ruptures professionnelles – donc sur les possibilités de la structure – peut être un élément discriminant. Nous voulons justement gommer tout système discriminatoire pour offrir un maximum de chances à chacun. Performance, productivité et rendement du personnel sont les critères incontournables d'efficacité d'une structure. Ainsi l'évaluation des emplois et du rendement devient un outil clé pour la gestion des ressources humaines. La mission de l'évaluateur devient stratégique puisque, par ses conclusions, elle influe sur le travail et la carrière de l'employé.

Évaluer, valider et certifier les compétences professionnelles

Ces trois thèmes majeurs sont requis dans la méthode globale de la multipolarité professionnelle. La réduction des perspectives de promotion sociale et la moindre valorisation des formations, initiales et continues, s'accompagnent de la disparition des formes d'emploi stable. Les salariés sont encouragés par la structure à produire leur projet professionnel et mettre en œuvre des formes d'anticipations individuelles en matière de vie professionnelle. À partir de ces projets, toutes les compétences sont passées au crible au moyen de pratiques d'évaluation continue. Il s'agit d'une vaste entreprise de contrôle qui contribue à identifier professionnellement les salariés.

L'accroissement de la qualité de la main-d'œuvre passe avant tout par une évaluation des acquis et des possibilités d'évolution. Si l'on considère que la qualité de la main-d'œuvre est le socle de base dans la plupart des structures, il est primordial de l'évaluer pour en tirer la quintessence et développer ce qui en fait sa force : la qualité. Seul un système d'évaluation permanent permet de connaître l'état réel de la qualité de la main-d'œuvre. Tout système de mise à niveau comme, par exemple, la formation, a besoin d'être évalué pour mesurer sa réelle efficacité.

Développement des procédures participatives

L'évaluation du personnel, enjeu essentiel pour une bonne gestion des ressources humaines, nécessite, d'une part, une approche humaine (écoute, entretien) et d'autre part des méthodes rationnelles établies grâce à la psychologie scientifique, l'informatique et la statistique. On constate l'évolution des différentes méthodes et leurs applications en matière d'évaluation de l'intelligence et de la personnalité, de performance en entreprise et, enfin, de motivation et du climat social. Ce n'est pas une mince question lorsque l'on entre dans l'approche de l'évaluation. Tout système peut être intéressant et très performant, à condition de se poser la question de son utilité, pour la structure et l'individu.

L'individualisation des rémunérations ou des carrières tend à se développer. Elle peut se faire en dehors de tout cadre ou, au contraire, les structures peuvent être amenées à faire de l'individualisation des carrières et des compétences un thème de la négociation collective. Cela bouscule en particulier les systèmes existants de déroulement de carrières, fondés sur l'ancienneté ou la reconnaissance, liés à des critères mal définis. Trouver un accord au sein de la structure est un moyen de mettre en place des sécurités qui garantissent la transparence des procédures et la permanence du dialogue social. Les syndicats de salariés sont ainsi tenus de se repositionner car ils n'ont pas tous les mêmes comportements vis-à-vis des transformations de la gestion des ressources humaines de l'entreprise.

Les enquêtes mettent en évidence un double mouvement contradictoire d'autonomie contrôlée des salariés, ce qui les positionne différemment. En effet, tandis que leur autonomie s'accroît, les salariés voient le contrôle de leur activité se renforcer. La théorie de l'agence, l'économie des coûts de transaction et la théorie organisationnelle du contrôle semblent complémentaires pour aider à la compréhension de cette dualité et des évolutions des formes de contrôle. On ne peut contrôler l'autonomie effective et efficiente que par son évaluation périodique, afin d'éviter toute dérive indépendante de l'objectif à atteindre.

Hypothèses sur les finalités des systèmes d'évaluation

La politique d'évaluation du personnel ne se limite pas à l'entretien et doit être située dans la démarche plus globale de gestion stratégique de l'entreprise. Une lecture critique des enjeux de la division sociale du travail et des activités permet de ne plus considérer la polyvalence professionnelle comme une exception individuelle. Un système d'évaluation simple permet d'avoir une démarche plus adaptée à ce que l'on recherche, notamment en terme de qualification ou de compétence. Il permet de déterminer comment la polyvalence professionnelle met en forme, parfois de manière contradictoire, la valeur du travail.

Les règles de base et les fonctions de la gestion des ressources humaines sont présentées à travers les tendances qui orientent les conceptions, les approches et les outils du management des hommes. Sur ce plan, il est impossible de faire abstraction de l'évaluation et à de sa propension à l'orientation, permettant au manager des ressources humaines d'orienter sa politique et sa stratégie.

L'approche systémique permet de mieux cerner la notion de polyvalence professionnelle à partir de l'évaluation : elle souligne son importance et son caractère variable compte tenu des critères classiques, mais surtout des critères propres à l'individu susceptible d'être polyvalent. Son environnement et ses enjeux sont examinés : les classifications professionnelles, les méthodes d'évaluation des emplois, l'analyse du travail, le poids de la formation, l'évolution de la qualification, le salaire et le poids des avantages acquis du salarié. Ces composantes précisées, on peut voir comment réaliser une évaluation de la polyvalence professionnelle afin de ne pas tout englober et faire un dénominateur commun en gardant à l'esprit que l'individu est l'élément pivot du système.

La mise en relation des éléments émanant de l'intérieur de la structure, comme de l'extérieur, offre un tableau quasi complet de la situation de l'emploi et des employés. L'évaluation à multicritères permet d'examiner les changements dits « organisationnels » comme étant au carrefour des changements qui surviennent dans et hors de l'entreprise.

L'évaluation est au cœur du concept d'employabilité et donc de changements organisationnels. Il est nécessaire d'appréhender ce concept, ainsi que le terme de polyvalence professionnelle, pour envisager la manière dont ils s'articulent dans la structure à l'intérieur d'un système de références : leur prise en compte d'abord dans les référentiels d'emplois puis dans la conception de la multipolarité professionnelle.

5

MÉTHODOLOGIE
DE MISE EN ŒUVRE

L'APPROCHE ANALYTIQUE ET ERGONOMIQUE

Un manque de méthodes et d'outils

La gestion des ressources humaines des structures recherche l'implantation de nouvelles formes d'organisation du travail telles que la polyvalence professionnelle. Elles sont de plus en plus préoccupées par la force et la faiblesse de leur « capital humain » pour mener à bien l'ensemble des opérations demandées et atteindre les objectifs cités. Le constat des limites d'évaluation du potentiel de leurs salariés démontre qu'il n'y a pas de véritables méthodes d'évaluation globale incluant les compétences, les capacités ainsi que les qualifications professionnelles et personnelles des salariés. Il démontre également que les salariés ne peuvent peu ou pas faire état de ces mêmes éléments ; il engendre donc un état de manque et de dysfonctionnement qui pourrait être éliminé par une méthode visant à résoudre ces problèmes.

Cette observation s'effectue dans un contexte d'évolution de l'aménagement et de la réduction du temps de travail, et de l'aspiration des salariés à mieux vivre leur vie professionnelle. Si l'on se place, par exemple, dans le cadre de la loi sur les 35 heures, nous sommes en présence de questions cruciales auxquelles nous devons apporter des réponses en termes d'innovation de l'organisation. Accomplir le même travail avec 10 % de temps en moins avec comme seule prise en considération l'augmentation des effectifs, repose sur un pari de l'impossible, qu'il est difficilement envisageable pour beaucoup de postes. Considérer l'individu et la structure de façon figée et immuable est aussi un handicap lourd de conséquences. On entend par compétences, capacités ainsi que qualifications professionnelles et personnelles, tout élément objectif ou purement subjectif d'un salarié pouvant servir à lui-même ou à la structure, du présent jusqu'à un avenir plus ou moins lointain.

À l'heure actuelle, il existe des méthodes d'évaluation professionnelle qui donnent d'excellents résultats, notamment pour le court terme, tenant compte de l'aspect purement technique du poste de travail. La question essentielle réside dans la mise en évidence des besoins de la structure et de ses salariés en termes de mobilisation et d'action sur le terrain de l'activité quotidienne et de la recherche de solutions innovantes pour y répondre. L'observation nous permet de dire que la performance passe par la réactivité et l'intelligence collective de l'organisation. Une prise de conscience de cette question ne peut s'opérer que par une concertation de la structure (direction) et de ses salariés.

La gestion prévisionnelle des emplois et compétences (GPEC) est apparue d'emblée comme un moyen pratique et un cadre général efficient pour développer notre méthode.

Toutefois mieux vaut éviter des concepts trop généraux liés à la nature même de la mise en place d'une procédure de GPEC, que l'on peut justifier par la définition suivante : « la concertation et l'élaboration sur la mise en œuvre de plans de développement professionnel à caractère stratégique pour la structure, et à caractère dynamique pour le salarié dans une perspective de reconnaissance, de motivation et d'implication ». Il est apparu nécessaire de prolonger les travaux sur des champs ou des schèmes plus précis afin de contribuer à un enrichissement de la démarche de GPEC plus proche de nos préoccupations.

Pour ces raisons, cette méthode porte sur le thème de la multipolarité professionnelle et part de la conception traditionnelle de la polyvalence à laquelle il est fait référence à une démarche globale de recomposition de l'organisation du travail et des compétences individuelles.

> **Rappel** : La polyvalence trouve son expression dans deux dimensions :
>
> – horizontale : elle reflète l'expression d'une compétence qui s'élargit à la maîtrise des techniques d'un métier vers d'autres métiers ;
>
> – verticale : elle reflète l'expression d'une compétence qui permet l'intégration d'une fonction vers d'autres fonctions à d'autres niveaux.
>
> Le terme de polyvalence, bien qu'étant l'essence même du refondement taylorien de la division du travail, reste toujours ambigu, voire péjoratif ; il ne fait pas référence à une fonction ou un métier précis dans la nomenclature des emplois.

Ce constat nous permet de dégager un concept plus précis de la « multipolarité professionnelle », approprié aux exigences économiques et sociales de l'évolution des organisations. Il permet également d'être à l'écoute de l'aspiration des personnels à vivre des notions telles que la flexibilité, la validation des acquis, la transmission de savoir, la transversalité, l'articulation de la vie professionnelle en plusieurs phases, l'aménagement et la réduction du temps de travail, la formation continue, la gestion des carrières, la pluricompétence.

> ➤ Il devient nécessaire d'authentifier la multipolarité professionnelle afin d'éclaircir l'image désuète du concept de polyvalence.

Systématiquement réclamée par les décideurs et comprise par les personnels, la multipolarité professionnelle s'accélère dans le mode de gestion des ressources humaines au point qu'il devient nécessaire de l'authentifier afin d'éclaircir l'image désuète du concept de polyvalence pour un concept plus approprié.

Identification des besoins

La nécessité d'identifier et d'authentifier des visions concrètes de l'individu (agent) dans la structure (entreprise, association, établissement public) relève donc de multiples raisons.

Elle est demandée par la structure qui peut avoir besoin d'équipes volantes à caractère polyvalent afin de remédier à des situations exceptionnelles ou de répondre à des choix d'organisation souple ; d'individus aptes à intervenir ponctuellement ou par intermittence sur des aspects particuliers de la production ; d'une meilleure flexibilité de la production notamment dans le cadre de l'aménagement et de la réduction du temps de travail ; d'une réelle connaissance de potentialités d'individus aptes à œuvrer sur plusieurs tâches ou activités différentes à des moments différents ; de prendre en compte les aspirations de développement de carrière de la part d'individus disposés à être mobiles en terme de spécialisation ou de polyvalence ; de dresser un état complet de l'ensemble des situations professionnelles des individus évoluant ou à recruter au sein de la structure.

Elle est également demandée par l'individu (lui-même) qui peut avoir besoin de présenter et/ou connaître l'état de ses compétences à un moment précis de sa vie professionnelle avec une vision de son futur ; de présenter et/ou d'évaluer l'état de ses connaissances et savoirs acquis en dehors de sa vie professionnelle ; de présenter et/ou de faire apprécier l'état de ses aptitudes et qualifications acquises sur d'autres types ou terrains d'activités professionnelles habituelles ; d'avoir un état de reconnaissance officiel des capacités réelles mises en œuvre ou des capacités réelles à posséder afin de répondre à ses propres impératifs professionnels et aux impératifs économiques et sociaux de la structure au sein de laquelle il évolue.

Les structures sont de plus en plus impliquées dans une démarche continue de la qualité, doublée d'une volonté réelle d'aider leur personnel dans une meilleure affectation professionnelle. Elles mettent ainsi en œuvre une méthode de détection des compétences, capacités et qualifications professionnelles pouvant servir au mieux dans le cadre d'une réflexion stratégique d'ensemble. Dans la plupart des directions des ressources humaines, on ne dispose pas, ou très partiellement, de moyens techniques cohérents, simples et efficients pour réellement résoudre l'ensemble des questions relatives au potentiel du « capital humain » et le valoriser, notamment dans le cadre d'affectations comme celles liées à la polyvalence professionnelle. Notre volonté consiste à mettre en évidence ces incertitudes et proposer une solution en réponse à ce problème.

La base de notre travail reste le concept de polyvalence professionnelle qui présente l'avantage d'examiner les caractéristiques professionnelles et personnelles à visée professionnelle de l'individu, de façon transversale. Nous l'avons étendu rapidement au concept de multipolarité professionnelle afin d'englober d'autres caractéristiques à long terme sur la base des méthodes traditionnelles issues de la gestion prévisionnelle des emplois et compétences.

Le déroulement des opérations nous a entraîné à interroger de nombreux directeurs des ressources humaines. D'entrée de jeu, le constat est un manque généralisé de moyens élaborés et généraux d'investigation et de recherche sur l'évaluation ou l'estimation du potentiel global des salariés, quels que soient leurs grades. Les informations sont glanées, puis rassemblées au fil du temps, lors d'entretiens, de transmissions de documents, d'expressions de souhaits professionnels, voire de réputations vraies ou supposées... Les structures ayant mis au point les premières méthodes de GPEC se trouvent démunies face à la non-prise en compte de l'ensemble des questions relatives à l'évaluation.

En définitive, il existe une masse d'informations circulant dans tout type de structure. Elles ne sont ni inventoriées, ni classées, ni ordonnées, de façon à pouvoir être exploitées à partir de plusieurs critères, et ne font l'objet d'aucune évaluation précise. Nombreuses sont les structures à se trouver confrontées à des problèmes liés aux besoins en ressources humaines, à moyen et long terme, aussi bien sur le niveau et l'éventail des métiers que sur le problème émergent de la démographie par les remplacements futurs des départs en retraite.

Homologuer, certifier

Le but de cette application réside dans l'homologation et la certification qui s'inscrivent dans la détermination des structures et des personnels, à mettre en œuvre un état de valeurs élaboré, accepté et appliqué, et à veiller au respect des dispositions qui l'entourent. À l'étape finale, la certification est le moyen indispensable à une meilleure connaissance de l'individu dans sa structure. Elle s'établit à partir d'un langage commun, d'un référentiel reconnu. La force se retrouve donc dans la transparence, la clarification des missions et fonctions, la rigueur et l'évolution des pratiques, l'engagement réciproque.

> La certification est le moyen indispensable à une meilleure connaissance de l'individu dans sa structure.

Certifier une structure par des procédures internes apparaît comme un pas important en matière d'autoévaluation et de certification par un organisme extérieur. Y inclure le personnel en élaborant une norme commune (structure-individu), engageant les deux parties sur des objectifs communs, en fait une élévation originale de l'enjeu et de l'intérêt commun. Cet aspect bicéphale rend les deux parties dépendantes l'une de l'autre. Le niveau d'exigence est une combinaison avouée de la bonne volonté et de l'envie de progresser dans un objectif commun. En définitive la démarche vise à détecter des individus à multipolarité professionnelle et à mettre en œuvre les moyens nécessaires pour les aider à acquérir une réelle reconnaissance en leur donnant une dimension en conformité avec leurs aspirations, tout en assurant la satisfaction des besoins d'organisation de la structure.

Évaluer, une démarche dynamique

C'est une conception multiple qui a été choisie afin de répondre à trois impératifs relevant du caractère particulier de la méthode. Ils peuvent être résumés ainsi : évaluer, valider, certifier. Ils s'articulent dans une conception dynamique de l'emploi selon une considération de l'individu évoluant dans une structure changeante avec, en plus, une complémentarité de fait, car l'individu ne subit pas exclusivement la méthode ; il l'enrichit, il en est partie intégrante par son implication personnelle dans le processus d'authentification et de certification.

Les impératifs vont donc produire quatre effets distincts et additifs : effet modificatif (changement) ; effet extensif (variabilité croissante) ; effet cumulatif (apport supplémentaire) ; effet cognitif (évolution).

Étapes nécessaires à l'évaluation

C'est la mise en œuvre de la méthode. Elle se caractérise par une succession d'étapes techniques afin d'harmoniser le système d'évaluation, de validation et de certification. La chronologie suivie tient compte des préalables indispensables à toute recherche ou étude en ce sens que des recueils d'informations sont établis afin, d'une part, de respecter les travaux déjà effectués par les équipes techniques et la Direction des ressources humaines – c'est ainsi que l'on partira d'éléments existants et employés pour les compléter par les éléments nécessaires à la démarche – ; d'autre part, pour alléger la méthode, en incluant le travail déjà accompli. Ce premier travail constitue donc l'étape 1 de la démarche.

Interaction entre les différentes instances

La mise en place de la démarche s'opère de la manière suivante :

Le comité de pilotage. Instance de mise en œuvre et de surveillance de la démarche. Il est composé de membres de la Direction, en particulier de la Direction des ressources humaines, de membres représentant les salariés, et d'experts.

Les groupes de travail. Éléments moteurs de la démarche. Ce sont eux qui déterminent les éléments primordiaux à évaluer. Ils sont composés de responsables hiérarchiques (cadres) et de représentants des salariés de chaque secteur de la structure et d'experts.

Les litiges se règlent par le « conseil des conflits de la multipolarité professionnelle » composé du directeur des ressources humaines, du cadre supérieur le plus haut placé dans le secteur en question de la structure et de deux représentants du salarié concerné.

Étapes de la démarche de multipolarité professionnelle [1]

Étape 1 : Recueil d'informations

Étape 2 : Évaluation des compétences professionnelles avec analyse des écarts

Étape 3 : Évaluation des connaissances d'autres secteurs d'activités de la structure

Étape 4 : Évaluation des compétences professionnelles sur d'autres métiers

Étape 5 : Évaluation des qualifications personnelles à but professionnel

---

1. Voir en annexe les fiches « Étapes » et les fiches « Métiers », p. 175-179.

Étape 6 :   Évaluation des besoins en compétences professionnelles
            pour le futur

Étape 7 :   Validation de la démarche (voir chap. 6)

Étape 8 :   Certification de la démarche (voir chap. 8)

■ *Étape 1   Recueil d'informations*

L'emploi type
est insuffisant. Il
est la simple pho-
tographie d'un
métier codifié sur
un ensemble de
caractéristiques
générales.

Nous avons choisi comme terrain d'expérimentation l'« hôpital » mais
la multipolarité professionnelle peut s'appliquer à n'importe quelle
autre structure. Nous sommes partis de l'emploi type[1] tel qu'il est
défini au sein d'une classique démarche de gestion prévisionnelle des
emplois et compétences. Beaucoup de structures hospitalières ont déjà
établi des fiches d'emplois types à partir de leur nomenclature des
emplois ou des conventions collectives ainsi que du Répertoire français
des emplois du CÉREQ. Cette base de travail est intéressante car elle
permet, d'emblée, de fixer les travaux sur des éléments concrets, réels,
approuvés par les autorités supérieures. Elle constitue une référence
essentielle permettant d'asseoir l'ensemble des éléments techniques
ayant trait aux métiers observés. L'emploi type est insuffisant. Il est
la simple photographie d'un métier codifié sur un ensemble de caractéristiques générales, liées à la notion de savoirs issus du diplôme de
base ou de qualifications indispensables à posséder pour pouvoir exercer. Ce référent a toutefois le mérite de généraliser à l'ensemble des
professionnels de toute la fonction publique hospitalière française, un
niveau de connaissance suffisant et une compétence minimale reconnue et acceptée par l'ensemble des établissements du territoire.

De nombreux organismes appliquent déjà ce type de nomenclature
(ANPE, APEC, etc.), donnant ainsi une image fidèle de la représentation d'un métier à travers des critères objectifs, définis et acceptés
par l'ensemble des professionnels des secteurs considérés. Certaines
structures, sous l'impulsion des Directions de ressources humaines, ont
établi des descriptifs de poste dont la base est l'emploi type évoqué
ci-dessus, avec des particularités reliées à l'identification du poste en
fonction du milieu et du contexte de la structure dans lesquels on le
trouve. On crée ainsi une spécificité donnant une qualification appropriée supplémentaire et représentative du poste. Elle a l'avantage de
sortir de la généralité de l'emploi type et d'affirmer l'analyse du poste
afin d'en saisir les caractéristiques essentielles que l'on ne retrouvera
pas forcément ailleurs au sein de la structure. Cette analyse peut éga-

---

1. Quatre éléments majeurs sont pris en compte pour l'emploi type : la technicité, l'information,
la contribution économique, la communication.

lement s'appliquer pour le même poste dans un contexte (secteur) identique au sein d'une autre structure.

L'intérêt du descriptif de poste réside essentiellement dans la volonté des personnels, salariés et leur hiérarchie, de délimiter et qualifier le poste de façon plus précise afin de lui donner un commencement d'identité par rapport à l'anonymat absolu de l'emploi type. Les conséquences sont importantes car une classification particulière est créée par rapport au contexte. On modifie partiellement les éléments de base afin de les structurer dans une configuration conforme aux attentes professionnelles exigées. **On transforme donc la rigidité de l'emploi type en une souplesse d'exécution par le descriptif de poste.** Cette transformation est une étape importante ; elle implique une meilleure connaissance du métier de base avec la présence de contraintes d'exécution liées aux performances attendues par l'ensemble des acteurs en liaison avec le poste décrit.

Le descriptif de poste prend en compte non seulement les éléments endogènes du poste, mais aussi les éléments exogènes relatifs au milieu particulier dans lequel il se trouve. À ce stade, on fait déjà référence à la notion de compétence requise. Il y a un niveau d'exigence indéniable représentant la sécurité professionnelle du niveau indispensable pour exercer une activité au sein d'une structure. Cependant, le descriptif de poste n'est pas encore nominatif, il n'est que le prolongement de l'emploi type, sans toutefois identifier un individu en particulier. Avec le descriptif de poste, on lève une partie du voile de l'anonymat mais on n'est pas pour autant dans la personnalisation du poste.

Dans l'approche de la multipolarité professionnelle, afin de répondre aux questions qui en découlent, on se doit d'entrer dans les caractéristiques propres à l'individu. La démarche est double. Elle est conduite à la fois par la structure et par l'individu, dans un but d'amélioration des deux parties. L'ensemble des informations est communiqué et connu de chacune d'entre elles, toutes deux maîtres d'œuvre du système.

Les groupes de travail constatent souvent, avec stupéfaction, que bon nombre de leurs membres ignorent l'existence des fiches emploi type ou tout autre élément technique élaboré par les Directions des ressources humaines. À ce stade, des difficultés se font jour dans la connaissance basique du contenu des métiers. Par la suite, les descriptifs de poste sont souvent établis de façon désordonnée, sans ligne directrice sur le contenu des éléments indiqués. En fait, chaque service fait ce qui lui semble bon de faire pour élaborer des descriptifs de poste qui sont, le plus souvent, la vision du responsable du service au moment où il est en poste, sans concertation avec la Direction des ressources humaines et autres directions de la structure dont relèvent les postes décrits. Certains services n'ont donc jamais rien fait dans ce domaine ; ils le découvrent, tout en soulignant leur retard. Cette réflexion débouche inévitablement sur l'harmonisation de l'ensemble du dispositif de l'étape 1 afin que chaque service puisse démarrer sur une base commune : la collecte de l'ensemble des emplois types et la distribution à chaque service ; l'établissement des descriptifs de poste pour chaque poste dans chaque service.

À l'issue de l'étape 1, les renseignements disponibles au sujet du poste sont recueillis. Les éléments tels que l'emploi type et le descriptif de poste constituent l'ensemble des informations objectives, relatives au poste, sans se préoccuper de l'individu qui l'occupe ou l'occupera. Le maximum d'objectivité est donc requis afin de bâtir de solides bases pour l'étape suivante. Les groupes de travail recherchent ainsi à détailler le poste dans son environnement (voir fiches en annexe, p. 173), notamment, à titre d'exemple, la fiche du plombier, issue de la fiche type ou du descriptif de poste.

L'emploi type a été conçu comme un passe-partout, une base commune à toutes les structures. Il ne peut y avoir ambiguïté. D'une structure à l'autre, le métier de plombier est fixé suivant des textes réglementaires précis et correspond à des critères bien définis. Dans la réalité, la fiche emploi type est trop générale et ne correspond pas à la réalité du poste dans son environnement. Ceci explique l'utilité d'établir des « descriptifs de poste » qui prennent en compte l'ensemble des tâches et des aptitudes requises pour assurer le poste dans le service indiqué.

L'anonymat complet de la fiche de l'emploi type est relayé par l'expérience du terrain. Le descriptif de poste n'est pas forcément la photographie professionnelle de chaque occupant du poste mais plutôt le rassemblement d'éléments suffisamment probants pour constituer la base de la fonction exercée dans son terrain d'application. Un ou plusieurs salariés peuvent donc en être titulaires à condition qu'ils répondent aux critères donnés. Il ne s'agit absolument pas d'une personnalisation du poste ni même une description reproductible en l'état dans d'autres structures. En d'autres termes, le descriptif de poste « plombier » apporte des précisions complémentaires spécifiques au poste dans son environnement au sein de sa structure.

■ *Étape 2 - Évaluation des compétences professionnelles avec analyse des écarts*

Il s'agit d'élaborer un référentiel de compétences : processus complexe, car nécessitant de définir les compétences souhaitées et de faire une analyse d'écarts avec les compétences observées chez un salarié occupant le poste (voir tableau ci-après). L'intérêt consiste à transformer les données issues de l'étape 1, à leur donner un poids en terme qualitatif, avec une cotation*. Pour des raisons de simplification, on regroupe les missions spécifiques sur les quatre éléments majeurs de l'emploi type auxquels on ajoute trois types de capacités majeures.

* Cotation pour les missions spécifiques	* Cotation pour les capacités et les qualifications
Niveau 0 : aucune connaissance	Niveau 0 : faible ou non requis
Niveau 1 : connaissance du vocabulaire de base	Niveau 1 : moyen
Niveau 2 : exécution	Niveau 2 : fort
Niveau 3 : maîtrise	Niveau 3 : excellent
Niveau 4 : analyse (encadrement)	
Niveau 5 : autonomie, prise de décision, créativité	
Niveau 6 : expertise	

Explication des niveaux

Cotation pour les missions spécifiques

À ce stade, l'expression reflète parfaitement la situation, peut-être la plus facilement exprimable si l'on s'en tient à une caractéristique de négative absolue. Attention toutefois avec le niveau 1 car le vocabulaire peut être partiellement connu mais ne reflète pas la réalité de connaissance de base du niveau 1. En d'autres termes, le salarié peut connaître le vocabulaire sans pour autant y donner une explication précise.

Niveau 1 : connaissance du vocabulaire de base

Dans la continuité de ce qui vient d'être décrit plus haut, la connaissance du vocabulaire de base nécessite des explications précises, c'est-à-dire la signification des mots employés, sans pour autant que cela traduise une expérience professionnelle acquise.

Niveau 2 : exécution

Avec l'exécution on est dans la phase active du processus professionnel, l'exécutant possède une connaissance professionnelle suffisante (théorique et pratique) pour mettre en œuvre les tâches qui lui sont demandées d'accomplir.

Niveau 3 : maîtrise

Dans la maîtrise, le salarié accomplit les tâches grâce à une virtuosité suffisante pour réaliser les missions qu'il est censé savoir, dans un souci de bonne fin, en respectant les normes requises.

Niveau 4 : analyse (encadrement)

On entre à ce niveau à un degré déjà élevé car le salarié est capable d'encadrer une équipe, ce qui signifie qu'il connaît parfaitement son travail et celui de ses subordonnés.

Niveau 5 : autonomie, prise de décision, créativité

À ce niveau, la compétence prend beaucoup plus de valeur. Le salarié est susceptible de prendre des décisions indépendamment de ses supérieurs afin de mener à bien et de trouver la meilleure issue possible à un problème ou une question donnée. La prise de responsabilité est très importante car la décision appartient en tout ou partie au salarié de niveau 5.

Niveau 6 : expertise

Certains salariés peuvent atteindre un excellent niveau leur permettant de donner un avis éclairé, de juger au mieux des spécificités d'un problème rencontré en évaluant ou en donnant une estimation. Leur avis est considéré comme une référence vis-à-vis des textes réglementaires et des règles de l'art.

Cotation pour les capacités et les qualifications

Niveau 0 : faible ou non requis

Ce niveau ne constitue pas un jugement de valeur péjoratif. Il n'a pas pour but d'exclure le salarié de tout ou partie de la démarche. Comme son titre l'indique, il présente la caractéristique de conférer le niveau le plus bas, soit parce que le salarié n'est pas au niveau, soit que celui-ci n'est pas requis pour le poste examiné.

Niveau 1 : moyen

Ce niveau est conforme à une moyenne donnée, c'est-à-dire entre le niveau où le salarié est considéré au plus bas, tel qu'il est défini précédemment, et le niveau haut où il maîtrise très bien ce qu'il sait ou fait.

Niveau 2 : fort

Ce niveau est l'expression de parfaite conformité entre ce qui est demandé et ce qui est donné pour un salarié en évaluation. Le niveau est parfaitement en adéquation pour répondre aux problèmes ou questions rencontrés.

Niveau 3 : excellent

Ce niveau reflète une caractéristique particulière conférant au salarié évalué un caractère exceptionnel, c'est-à-dire un dépassement de ce qui est couramment demandé.

L'étape 2 constitue le véritable commencement de la démarche de multipolarité professionnelle ; elle est le passage à l'innovation en tant que telle. Jusqu'à l'étape 1 (recueil d'informations) les membres des groupes de travail sont à même de rester neutres vis-à-vis de la démarche. Ils sont sur un terrain de connaissances effectives à partir de documents qu'ils connaissent ou ont élaborés eux-mêmes. À l'étape 2, il leur est demandé de collaborer à une démarche nouvelle qui va les amener sur un terrain qu'ils ne connaissent pas, du moins dans sa présentation. Pour des raisons purement institutionnelles, nous avons respecté les quatre éléments principaux de l'emploi type (technicité, information, contribution économique, communication) pour ne pas aller à l'encontre des textes réglementaires et avoir une base de travail cohérente.

La multipolarité professionnelle, rappelons-le, n'est pas une démarche qui vise à remettre en cause l'existant mais à le simplifier et l'élargir afin d'être utilisé plus amplement. Ce n'est pas non plus un énième projet qui serait vite abandonné en raison de sa lourdeur et de sa complexité. Ce point important doit être souligné par les groupes de travail. Insistons sur le fait que beaucoup de méthodes et projets émanant de structures sont trop lourds et donc vite oubliés. Notre démarche est d'utilisation aisée ; le caractère particulier lié à l'évaluation est original et donne une touche très singulière ; l'évaluateur et l'évalué doivent se prononcer et affirmer leur opinion sur les critères de cotation.

> La multipolarité professionnelle n'est pas une démarche qui vise à remettre en cause l'existant mais à le simplifier et l'élargir.

L'analyse des écarts d'évaluation de compétences professionnelles peut également servir de base pour l'entretien annuel d'appréciation ou d'évaluation. Elle peut aider la Direction des ressources humaines et, pourquoi pas, les membres des groupes de travail. Toutefois, il est précisé que l'étape 2, « Évaluation des compétences professionnelles avec analyse des écarts », n'est pas un système de pénalisation de l'évalué mais l'expression du niveau requis afin de répondre au mieux aux exigences du poste.

Explications des termes

Technicité

Ensemble des applications spécifiques à un métier.

Actions mises en œuvre pour répondre aux exigences techniques de l'emploi examiné.

À partir de la technicité, on peut avoir une idée précise de l'ensemble des attributions d'ordre technique liées à ce métier.

On choisit, pour la technicité, des verbes d'action car on est dans l'agir, la faisabilité. Ex. : choisir, assembler, bâtir, analyser, manipuler, etc.

Information

Ensemble des actes qui ont pour but de transmettre des éléments généraux ou techniques par les voies appropriées.

Actions mises en œuvre pour répondre aux exigences de renseignements et émission de messages.

À partir de l'information, on peut avoir une idée précise de l'ensemble des moyens et transmissions des messages de l'intéressé.

On choisit pour l'information des verbes de diffusion. Ex. : identifier, consulter, informer, diffuser, renseigner, etc.

Communication – relations humaines

Ensemble des moyens et techniques qui permettent la diffusion et la réception de messages avec l'environnement.

Relations mises en œuvre pour donner et recevoir des éléments hétérogènes pour l'application de l'ensemble des fonctions liées à ce métier.

À partir de la communication et des relations humaines on peut avoir une idée précise de l'ensemble des liaisons directes et indirectes de l'entourage ou de l'aire relationnelle de l'intéressé.

On choisit pour la communication et les relations humaines des verbes de liaison. Ex. : organiser, animer, discuter, travailler en collaboration, créer des liaisons, etc.

Contribution économique – gestion

Ensemble des moyens techniques d'ordres physique et financier permettant l'optimisation des ressources dans l'application des missions et fonctions.

Actes qui sont élaborés pour agir de façon rationnelle afin de minimiser les coûts et rentabiliser les investissements.

À partir de la contribution économique-gestion, on peut avoir une idée précise de l'ensemble des interventions de la personne dans l'intérêt de la structure.

On choisit, pour la contribution économique-gestion, des verbes de gestion. Ex. : donner son avis, décider, apprécier, réagir, contrôler.

■ *Étape 3 — Évaluation des connaissances d'autres secteurs d'activité de la structure*

À ce niveau de la démarche, il s'agit de savoir si le salarié connaît d'autres secteurs d'activités (directions, services, sous-services) de la structure. Ces informations fournies par lui-même permettent d'évaluer les connaissances qu'il a pu acquérir par son passé ou ses contacts professionnels dans la structure ou au sein d'une structure similaire. Lors des entretiens avec les directeurs de ressources humaines, nous avons constaté que l'historique de la carrière professionnelle d'un salarié n'était pas retracé de façon précise au sein de la structure. Nous trouvions un simple état récapitulatif indiquant les titres et les secteurs des postes qu'il avait occupés depuis son arrivée dans la structure. Nous n'avons jamais trouvé d'état récapitulatif indiquant, depuis le début de la carrière, les différents postes occupés dans l'ensemble des secteurs et des structures dans lesquels le salarié est intervenu et, surtout, pas d'évaluation précise des niveaux de connaissance ou de compétence en liaison avec ce passé.

> **La multipolarité professionnelle apporte un plus à la structure et au salarié ; il y a une capitalisation qui peut être intéressante.**

La multipolarité professionnelle apporte à ce niveau un plus à la structure et au salarié ; il y a une capitalisation qui peut être intéressante ; on évite ainsi une déperdition de l'information. Cette information est faite pour servir utilement la structure et le salarié. Dans la mesure où les deux parties trouvent leur intérêt, cette étape devient importante. En aucun cas, il ne saurait être question de compiler de l'information dans un intérêt autre que celui de servir utilement les deux parties à la fois. D'une part, les deux parties alimentent la démarche d'informations pertinentes ; d'autre part, les deux parties procèdent à une évaluation dont le résultat servira de preuve.

L'objectif consiste à préciser, pour le salarié, son niveau de connaissance et de compétence sur tout ou partie des missions spécifiques ; à examiner s'il dispose des capacités requises pour une affectation temporaire (polyvalence ou multivalence) ou permanente dans d'autres secteurs d'activités de la structure. Le réajustement effectué par les responsables des secteurs concernés a pour but de remettre à niveau (à la hausse ou à la baisse) l'autoévaluation du salarié par rapport au niveau requis.

■ *Étape 4 – Évaluation des compétences professionnelles sur d'autres métiers*

> ► **Si l'on veut élargir l'angle de vision par lequel on observe un poste, celui-ci tend à déborder sur d'autres métiers.**

Afin de mieux cerner la personnalité du salarié évoluant au sein de la structure, il est intéressant de se pencher sur ses compétences professionnelles sur d'autres métiers. Si l'on veut élargir l'angle de vision par lequel on observe un poste, on s'aperçoit que celui-ci tend à déborder sur d'autres métiers. C'est le cas de beaucoup d'emplois types avec, en plus, une inconnue majeure que l'on se doit d'éclaircir, à savoir, les connaissances et les compétences professionnelles du salarié sur d'autres métiers.

Les avantages sont multiples ; ils permettent au salarié de démontrer ses possibilités sur d'autres métiers et en plus de le faire savoir à sa hiérarchie, qui reçoit l'information et peut ainsi la rendre objective par rapport à des besoins ponctuels (polyvalence ou multivalence) ou permanents (affectation, promotion, flexibilité).

Ceci est valable aussi bien pour des individus généralistes que spécialisés, quel que soit leur niveau hiérarchique.

■ *Étape 5 – Évaluation des qualifications personnelles à but professionnel*

Si l'on agrandit la focale d'observation du poste en élargissant le champ d'investigation, on peut se positionner sur des données personnelles à l'individu. Les structures ignorent les potentiels des salariés en activité ; de même, ces derniers n'ont pas toujours les moyens d'en faire état.

Dans le cas de multipolarité professionnelle, tous les aspects personnels (qualifications, connaissances, compétences) hors du champ habituel de l'activité professionnelle peuvent être pris en compte à condition que le salarié, lui-même, les fasse connaître et les déclare exploitables. L'avantage principal réside dans le fait que la structure dispose de nouvelles informations pour poursuivre des développements et des réorganisations de travail, et que le salarié puisse également bénéficier de retombées intéressantes.

> Les structures ignorent les potentiels des salariés ; ces derniers n'ont pas toujours les moyens d'en faire état.

■ *Étape 6 – Évaluation des besoins en compétences professionnelles pour le futur*

La méthode s'inscrivant dans la gestion prévisionnelle des emplois et compétences, il est logique de s'intéresser à l'avenir, de déterminer les besoins futurs en matière de compétences professionnelles, de les comparer avec le présent et d'ajouter des tendances majeures sur les points observés. Cette extrapolation du présent, en fonction d'éléments connus et étudiés, tient compte d'éventuelles distorsions que l'on pense possibles dans l'avenir.

Les avantages sont multiples, notamment le positionnement des salariés dans la structure à des niveaux différents de ceux atteints dans le présent, mais aussi l'apparition d'une meilleure lisibilité des emplois du futur même si cela reste imparfait. Un réajustement annuel est souhaitable afin de mieux cibler les besoins et déceler les potentiels.

> Les avantages de l'extrapolation sont multiples, notamment le positionnement des salariés dans la structure à des niveaux différents de ceux atteints dans le présent.

Réflexion sur les étapes 1 à 6

D'un point de vue formel, beaucoup de structures n'ont jamais dépassé l'étape 1, ce qui se traduit par une connaissance incomplète de leurs salariés, tant sur le plan professionnel de base que sur toute autre forme d'organisation du travail (polyvalence, flexibilité). Les salariés sont souvent avides de connaître les possibilités présentes ou futures de changements ponctuels ou définitifs et soucieux de faire savoir leurs compétences sur des éléments autres que ceux habituellement traités. À ce stade, on peut tirer les enseignements suivants :

– La formation est un vecteur de développement ; elle va être complémentaire à la démarche et ainsi combler les écarts en apportant aux deux parties un objectif de négociation sur des éléments bien définis.

– L'expérience peut être valorisée et mise en évidence par des estimations ou des évaluations concrètes, notamment par la transmission de savoirs aux nouveaux entrants ou pour les générations futures, avec une capitalisation formelle.

Enfin, le sentiment pour les salariés d'être embarqués sur un vaisseau professionnel, dont le cap et la destination ne sont pas toujours évidents, est remplacé par le sentiment de prise en considération et de partage de la maîtrise de l'avenir par des repères précis.

Dans ce contexte, le management n'est pas le seul relais de la politique des ressources humaines. L'ensemble des informations inventoriées et évaluées débouche sur des éléments de modification de stratégie de la structure et du salarié. Il y a donc de grandes chances pour que les salariés fassent part de leurs désirs, de leurs projets, mais aussi du constat de découvertes, en cohérence ou non, avec la « ligne » de leur structure. Les crises ou les moments de doute et de recherche ne sont pas les meilleures périodes pour découvrir toute la richesse du capital humain qu'une structure recèle, et les possibilités professionnelles qu'elle possède, qui peuvent être mises au profit des salariés.

Une telle approche n'est pas sans risque. Toute découverte est parfois surprenante, voire décevante. Le grand avantage de la multipolarité professionnelle se trouve dans l'anticipation, et par conséquent la mise en place de mesures correctives. Être dans la gestion prévisionnelle des emplois et compétences, signifie que l'on ne travaille pas dans l'urgence pour remédier à des situations difficiles mais pour faire des projections sur des situations que l'on voudrait au mieux des intérêts des différentes parties concernées. Les réflexions et remarques des membres des groupes de travail doivent faire ressortir le caractère anticipatif et prospectif de ce travail.

Le management (direction) doit s'engager à respecter le travail réalisé par les groupes et abonder dans un sens positif. Le principe, que la structure et les salariés sont deux entités distinctes, des acteurs à part entière, fonctionnant comme des alliés qui ont, dans ce cas, choisi de collaborer ensemble contribue à une adhésion et une cohésion d'autant plus fortes qu'elles se fondent sur un choix lucide et explicite.

De manière symétrique, la responsabilité de chacun de ces pôles consiste dans un premier temps : à adopter une démarche d'anticipation ; à autoévaluer et évaluer l'ensemble des critères observés ; à concrétiser les résultats.

Dans un deuxième temps, il s'agit de créer les conditions d'une harmonisation du projet de chacun avec celui de l'entreprise. Chacun est en mesure d'annoncer ses offres en les faisant évaluer, et ses attentes, par comparaison avec les offres et les attentes de la structure.

■ *Étape 7   Validation de la démarche (voir chapitre 6)*

■ *Étape 8   Certification de la démarche (voir chapitre 8)*

Difficultés prévisibles

Dès l'amont, il est nécessaire de convaincre les différents interlocuteurs (direction, représentants des salariés) et expliquer que l'on ne propose pas un énième projet inutile, lourd et illusoire complètement déconnecté de la réalité. Il est nécessaire également de ne pas négliger tout ce travail en amont, effectué par la Direction des ressources humaines et les services. L'ambition est de partir de l'existant sans pour autant renier le travail déjà accompli ou dénigrer les autres méthodes existantes.

Le plus incontestable consiste à tenir compte et à inclure la validation et la certification qui expriment, pour les partenaires, la certitude d'une avancée certaine. Il est donc primordial d'en tenir compte, cependant la validation et la certification sont d'autant plus probantes si elles sont enclenchées avec les avis et accords d'experts à l'intérieur ou à l'extérieur de la structure (voir chap. 8). L'un des écueils les plus durs est la communication car la gestion des ressources humaines est un point sensible qui soulève toujours beaucoup de polémiques, surtout si l'on veut innover. La communication doit donc être minutieusement élaborée afin d'expliquer qu'il ne s'agit pas d'un plan de remaniement ou de restructuration en raison de l'inscription de notre méthode au sein de la GPEC, mais qu'il est temps d'avoir une politique de gestion des ressources humaines en adéquation avec l'ensemble des acteurs.

▶ **Il est indispensable de rester constamment collé à la réalité du terrain.**

Il est aussi indispensable de rester constamment collé à la réalité du terrain, sachant qu'on n'est pas dans la théorie, mais dans une démarche pragmatique et utile ; de prendre garde à ne pas se laisser entraîner sur des pistes glissantes où les considérations personnelles de certains passent avant tout. Dans ces cas, il est préférable de se référer à l'arbitrage du conseil des conflits de la multipolarité professionnelle pour avancer et passer aux étapes suivantes.

Très souvent, les membres de la Direction des ressources humaines restent d'abord en retrait ; ils sont dans l'attente de résultats qui sont longs à venir. Ils considèrent que cela représente une masse de travail considérable. Avec leur collaboration, au final, on peut rationaliser et simplifier les éléments. Cette tendance fait basculer leur opinion vers une méthode d'investissement et de connaissance du personnel et des besoins de la structure.

Pour conclure : une solution adaptée et performante

Modèle de concertation et d'avancée sociale, la multipolarité professionnelle présente la recherche de satisfaction combinée de la structure et de l'individu. Ce nouveau concept trouve son origine dans l'ancien concept de polyvalence professionnelle pour aboutir à une définition plus précise de l'adaptation d'un individu à des missions liées à la transversalité et la flexibilité. La démarche est originale dans une époque de changement rapide de l'organisation et de diminution du temps de travail.

Connaître les potentialités de chacun mais aussi permettre à chacun de connaître les potentialités de la structure en évoquant les aspects professionnels et personnels constitue l'objectif principal. Le nouveau concept de multipolarité professionnelle se définit plus précisément par l'adaptation d'un individu à différentes tâches transversales avec une batterie de critères, issue de la GPEC, dans un souci d'évolution et de reconnaissance au sein du monde du travail qui en est demandeur.

Évaluer, valider et certifier rend la démarche pragmatique et inscrite dans la durée afin de mieux réussir la transférabilité et la généralisation future.

LES CRITÈRES ET LES OUTILS DE LA PERFORMANCE : L'ANALYSE DES ÉCARTS

Évaluation type sur secteur pour métier de base (étapes 2, 3, 6)
ou
Évaluation type sur autre(s) métier(s) (étape 4)
ou
Évaluation type des qualifications personnelles à but professionnel (Étape 5)

Éléments à évaluer	Cotation	Autoévaluation	Évaluation
	Cotation	Cotation	Cotation
1) Missions spécifiques			
– Fonctions de base (technicité)	0 à 6	0 à 6	0 à 6
– Information	0 à 6	0 à 6	0 à 6
– Relations humaines (communication)	0 à 6	0 à 6	0 à 6
– Gestion (contribution économique)	0 à 6	0 à 6	0 à 6
2) Capacités			
– Capacités intellectuelles et psychiques	0 à 3	0 à 3	0 à 3
– Capacités pédagogiques	0 à 3	0 à 3	0 à 3
– Capacités physiques	0 à 3	0 à 3	0 à 3
3) Qualifications personnelles à but professionnel (Étape 5)			
– Langues	0 à 3	0 à 3	0 à 3
– Informatique	0 à 3	0 à 3	0 à 3
– Techniques	0 à 3	0 à 3	0 à 3
– Sciences	0 à 3	0 à 3	0 à 3
– Lettres, arts, sports, etc.	0 à 3	0 à 3	0 à 3

DE L'EMPIRIQUE AU SYSTÉMIQUE

La polyvalence est assez complexe. Elle nécessite donc une vision synthétisée permettant à un éventuel opérateur de la manœuvrer de manière pragmatique, afin de sortir des idées fausses qui en font un système trop compliqué. Aussi, il est proposé un cadre d'accompagnement, en cohérence avec ces notions de complexité et de pragmatisme. Notre propos est d'arriver à démystifier le concept pour le rendre accessible au plus grand nombre. Ce cadre se décline en cinq ensembles théoriques structurants, fournissant des modèles utiles pour analyser et orienter l'action, eux-mêmes permettant une simplification des pratiques.

Premier ensemble théorique. L'approche s'inscrit dans une perspective dynamique, dont on rappelle ci-après quelques-uns des concepts les plus saillants et les plus opérationnels.

Deuxième ensemble théorique. De cette première approche découle une politique stratégique de la communication.

Troisième ensemble théorique. La démarche cognitive et ergonomique. La volonté d'apprendre, de connaître, de progresser, de remplacer est omniprésente

Quatrième ensemble théorique. La division des tâches est un bon système avec la polyvalence comme complémentarité essentielle.

Cinquième ensemble théorique. La contribution à l'efficience globale de la structure et à la progression des individus doit s'accompagner d'une rétribution effective en termes financiers ou en progression de carrière.

L'utilisation de ces divers ensembles dans une perspective d'analyse systémique ouvre la voie vers des régulations de la fonctionnalité des rouages internes de la structure. À partir du moment où l'on intègre la polyvalence dans la structure comme l'essence même de la réorganisation générale des voies de spécialisation, intervient une dimension supplémentaire modifiant complètement l'angle d'attaque par lequel on a l'habitude de commencer pour positionner la structure.

Exemple ──────────────────────────────────────

Recruter : un acte à double sens

D'une part, augmenter l'effectif de la structure ; d'autre part, augmenter la perspective de progression de carrière de l'individu recruté et de l'ensemble du groupe (structure/personnel).

> La manière dont la structure remplit ses fonctions productive, technique et sociale, permet de s'interroger sur les différents plans de fonctionnement.

Cette première grille de lecture se réfère à une approche fonctionnaliste : la manière dont la structure remplit ses fonctions productive, technique et sociale, permet notamment de s'interroger sur les différents plans de fonctionnement. Cette description en cinq ensembles théoriques aide au repérage du niveau de dysfonctionnement de la division du travail et met en évidence également la liberté relative des salariés et des managers, leur marge d'autonomie et de créativité dans les zones d'incertitude immanentes à toute organisation, même taylorisée. Cette démarche, pour le moins pragmatique, remet en cause beaucoup de croyances, en particulier sur le rôle de chaque membre et sa possibilité de progression, parallèlement à la progression de la structure. On est bien dans un concept de régulation, dans une approche systémique des organisations dont le nombre et la variété des composants, ainsi que le nombre et la nature des relations, requièrent impérativement un modèle approprié à la compréhension de la complexité et de l'action. La nature du contexte conditionne en effet la forme du dispositif pédagogique.

Exemple

Déspécialisation de l'espace

L'innovation correspond à une inscription spatiale spécifique. C'est ce que l'on peut appeler une déspécialisation de l'espace dédié aux activités formatives et dédié aux activités productives. Se situer dans le cadre d'un système, signifie que l'on a affaire à un ensemble d'éléments en interaction dynamique, organisés en fonction d'une finalité. Méthodologiquement, l'approche systémique permet d'organiser l'analyse en vue d'une plus grande efficacité de l'ensemble en s'intéressant aux interrelations entre éléments et à leurs effets sur la dynamique évolutive du système.

En se portant sur la communication, la volonté, les inhibitions, les niveaux hiérarchiques des éléments (non seulement dans l'ordre interne de la division du travail, mais aussi dans la prise en compte d'autres formes d'organisation telles que la polyvalence professionnelle), l'approche systémique de l'organisation concentre l'attention sur la nécessité de la recherche des meilleures combinaisons possibles des différents moyens de production. La méthode systémique doit agir en plusieurs endroits à la fois, et respecter un ordre logique.

Agir ponctuellement, sur un seul paramètre de la structure, entraîne des effets pervers qui renversent la tendance. C'est le cas pour la polyvalence professionnelle qui peut être le reflet d'une déviation de l'utilisation optimale du capital humain à des fins non souhaitables. En conséquence, la régulation joue un rôle essentiel dans l'approche systémique car elle situe bien les compétences centrales et modifie l'optimisation déviante. D'où la nécessité paradoxale d'avoir, à la fois, à maintenir l'équilibre global de la structure et à faire évoluer son organisation en agissant sur les particularités des individus, en réglant les conflits spécifiques.

La définition du terme « régulation » et les questionnements qu'elle ouvre paraît centrale ; elle renvoie également à la notion de contrôle et de maintien de constantes que l'on assimile à des mécanismes garants entre grands équilibres dans la structure, modération dans la conduite, équité, harmonie. Cette conception définit la régulation à la fois comme une fonction visant la préservation de l'intégrité globale de la structure afin d'éviter tout dérapage dans un sens comme dans l'autre. On ne pourrait pas, à ce titre, concevoir un système où le jeu des acteurs (individus, managers) puisse singulièrement être faussé par des causes extérieures. Par exemple, si l'on permet à des individus de passer les frontières traditionnelles de leur métier en favorisant l'accès à la formation, on ne peut en même temps les empêcher d'y accéder sous des prétextes liés à des causes extérieures à la structure mais qui, en réalité, ne sont que le résultat de la fausse démarche entreprise par les managers : « chercher de l'eau, en sachant qu'il n'y en a pas revient à ne pas chercher ».

La régulation d'un système est d'autant plus fiable que ce système n'est pas faussé par des jeux de pouvoirs. Toute analyse systémique se base avant tout sur des faits concrets où chaque point peut être vérifiable. C'est la raison pour laquelle, dans notre approche sur la polyvalence professionnelle, il faut comprendre ce que sont les intérêts et les enjeux de la structure. On peut tout organiser de manière efficiente, du moins en théorie et n'arriver qu'à produire des contre-performances par la fausse volonté de certains, managers ou non, à ne pas entrer dans le système.

> **Toute analyse systémique se base avant tout sur des faits concrets où chaque point peut être vérifiable.**

Ceci signifie également qu'il ne faut pas confondre, le discours théorique et la volonté de parvenir à des résultats réels.

Nous retiendrons de la régulation la définition suivante : « C'est l'ajustement régulier et permanent entre les divers éléments de la structure dans le but de construire une forme originale d'organisation efficiente. »

MISE EN PLACE DES MOYENS DE REPRODUCTIBILITÉ

Vouloir arriver à faire fonctionner un système, appliquer un concept, c'est aussi, lorsqu'on y trouve de la satisfaction, vouloir le reproduire autant de fois que nécessaire. Mettre en place des situations de polyvalence professionnelle qui n'auront qu'un caractère éphémère, et qu'il faudra systématiquement repenser et refaire chaque fois que le besoin s'en fera sentir, serait à terme fastidieux et décourageant. De nombreux concepts issus de l'organisation du travail et des ressources humaines disparaissent assez rapidement de la vie quotidienne de beaucoup d'entreprises à cause de leur lourdeur d'application et du caractère expérimental trop détaché des réalités du terrain. Mettre en place la polyvalence par un système tel que la multipolarité professionnelle suppose donc une mise en ordre d'un certain nombre d'éléments ayant pour effet de ne pas déstabiliser un édifice souvent fragile, de présenter un réel intérêt pour la structure et les individus et surtout d'être simple et léger.

Nous avons recensé sept conditions essentielles favorisant la reproductibilité, donc la permanence du concept de polyvalence professionnelle.

La volonté émane des dirigeants

On ne peut mettre en place un système aussi complexe que la polyvalence professionnelle qu'à partir de contraintes ou pressions sur la direction de la structure. S'il n'est pas facile de faire quelque chose lorsque la volonté existe et qu'elle pousse de l'avant, c'est encore plus difficile lorsqu'on est sous la contrainte ou la pression.

Cette volonté s'exprime notamment par la prise de conscience d'être passé d'une organisation du travail archaïque et désordonnée, qui n'est que le résultat d'habitudes acquises au fil du temps à un type d'organisation du travail qui fait place à l'initiative et à l'audace. Il est manifestement utile que la volonté des managers se concrétise par l'expression, non pas d'une remise en cause globale de ce qui a déjà été fait, mais plutôt par le souhait d'y adjoindre d'autres formes de réflexion et d'application. C'est une évidence mais la volonté des managers est certainement le principal moyen de reproductibilité de la polyvalence professionnelle.

Ainsi, sans la volonté des managers, il n'y a pratiquement pas d'espoir de voir surgir le concept de polyvalence professionnelle au sein de la structure. Plusieurs raisons l'expliquent :

– Les managers ont déjà beaucoup de difficultés à faire marcher ce qui existe sans vouloir pour autant se lancer dans des aventures aux contours incertains pouvant avoir de lourdes conséquences.

– Les managers ont le pouvoir de direction, en comparaison des salariés qui appliquent les décisions ; ce sont les managers qui peuvent tout déstabiliser dès le départ.

– Les managers sont les garants de la bonne marche de l'entreprise et ne pourront pas prendre de décisions hasardeuses sans que cela ne leur revienne en retour. Ils vont donc chercher à s'assurer beaucoup plus que d'habitude.

C'est donc sur les managers que repose la mise en œuvre de la poly-valence. S'ils ne la veulent pas, ils ont toujours l'alternative de recourir à des spécialistes extérieurs dotés des moyens et capacités d'interven-tion. On voit, par cette hypothèse, que la polyvalence ne tient qu'à peu de chose et qu'elle peut être simplement éliminée par la seule volonté des managers qui ont la possibilité permanente de changer de voie sans prendre trop de risques.

> **C'est sur les managers que repose la mise en œuvre de la poly-valence.**

Communication et circulation de l'information

Mettre en place une forme d'organisation du travail qui bouscule le confort et les habitudes acquises, même avec des volontaires prêts à faire les essais nécessaires, c'est prendre un certain nombre de précau-tions, en particulier de forme, que l'on va pouvoir faire passer par une bonne communication. Celle-ci doit prendre l'aspect formel du propos. La polyvalence souffre assez de l'ambiguïté sans que cela autorise des sous-entendus, des interprétations douteuses ou des contre-vérités, pour que l'on puisse faire l'économie du côté formel de la communi-cation.

Expliquer les objectifs de mobilisation de la structure et démontrer les besoins et les attentes est une priorité. D'où l'obligation de lever toute équivoque pour entrer dans une communication positive et constructive dans laquelle sera soulignée la volonté des managers que nous évo-quions à l'étape 1 et la présentation de perspectives intéressantes pour les individus qui vont souscrire à cette mobilisation. Faire de la commu-nication uniquement dans ce but sans contrepartie est un départ qui risque vite de tourner à l'essoufflement du personnel si celui-ci ne trouve pas d'avantages particuliers à se mouvoir sous d'autres formes d'organisation du travail. La communication sera donc formelle mais aussi porteuse d'éléments concrets, aussi bien pour la structure, que pour les individus concernés.

La communication est l'expression de la culture d'entreprise, elle est importante et reflète les valeurs traditionnelles du travail auxquelles chaque individu est attaché. Il n'est donc pas question de modifier ce schéma de communication avec le risque que représente la polyvalence professionnelle. Ce qui amène aux possibilités de contestation et de concertation pour le personnel.

Contestation et concertation

Beaucoup d'individus parlent de la polyvalence en bien ou en mal. Tant qu'elle n'est pas ouvertement et officiellement mise en œuvre, chacun peut se permettre d'émettre son opinion sans prendre trop de risques. À partir de l'instant où l'on entre dans la volonté de son application, on passe de la simple opinion à la réaction et la prise de position. La polyvalence ne s'impose pas, il est donc préférable d'en parler ouvertement afin que chacun puisse s'exprimer et annoncer son désir d'y adhérer. On a vu que la polyvalence peut être présente à tous les niveaux de la structure mais que chacun en a son interprétation. Il est donc indispensable d'en tenir compte car la polyvalence ne constitue en rien une obligation pour la structure ou pour l'ensemble des individus qui en font partie. Le dialogue est donc ouvert, il doit être le plus démocratique possible ce qui permet également à l'organisation de compter ses forces et de se constituer un capital humain polyvalent.

> La polyvalence ne s'impose pas, il est donc préférable d'en parler ouvertement afin que chacun puisse s'exprimer et annoncer son désir d'y adhérer.

L'expression d'une évolution des niveaux de compétence

La polyvalence n'est pas réductrice des niveaux de compétences. Elle est le reflet d'une élévation des niveaux et c'est seulement dans cette optique que l'on doit la considérer comme positive.

Cette évolution doit être clairement exprimée dès le début. Ensuite, elle doit être démontrée et enfin récompensée et reconnue. L'ensemble des préjugés doit donc être aboli avec des preuves réelles et tangibles. La multipolarité professionnelle apporte les éléments de preuves nécessaires qui peuvent être organisés dès le départ afin de ne pas rester sur de l'empirique trop aléatoire et source d'insatisfaction. On cherche, en réalité, à prouver qu'il y a un véritable intérêt à être polyvalent ne serait-ce qu'en terme d'élévation des niveaux de compétence et non pas l'inverse.

La formation adaptée aux situations, à l'époque

Être polyvalent c'est faire preuve d'une continuelle adaptation. Pour cela, il est nécessaire d'avoir un niveau suffisant pour être véritablement opérationnel et ne pas faire uniquement de l'à-peu-près. Une des solutions consiste donc à se former pour rester collé à la réalité et ne pas se sentir dépassé. On n'est pas polyvalent uniquement par la volonté de l'être ou par mode, il faut prouver ses capacités pour en revendiquer le titre. Il ne faut donc pas hésiter à se former car le polyvalent d'aujourd'hui n'est pas forcément le même que celui de demain. C'est un constat qui oblige l'individu, qui répond aux critères de la polyvalence, d'être encore plus performant que le spécialiste. La formation peut être classique ou, par l'expérience, elle reste indispensable pour ne pas perdre ce qualificatif de polyvalent, qui n'est jamais véritablement acquis.

Simulations et essais

La formation mais aussi l'évaluation, peuvent se faire à partir de simulations ou d'essais qui attestent le niveau et la capacité de chaque individu concerné. L'immersion réelle par le biais de la « formation par l'expérience » est idéale dans la mesure où les risques sont assez faibles. Étant donné que l'on ne peut connaître exactement d'avance les situations de polyvalence professionnelle auxquelles chaque individu va être confronté, il est préférable de passer par des expérimentations se rapprochant au plus près de la réalité. Ceci est souhaitable notamment pour des raisons de continuité de la ligne de production et pour la sécurité d'ensemble.

La structure devient formatrice et propice à des évolutions, en particulier par la possibilité offerte de corriger des erreurs. En règle générale, quel que soit le type de formation, il est indispensable qu'elle accompagne tout processus d'organisation du travail ou démarche de polyvalence professionnelle conférant ainsi une constante élévation et une mise à jour des compétences.

Amélioration de la rémunération et développement des promotions

La principale motivation d'un individu au travail réside dans la rémunération. Ce fait se vérifie facilement, notamment si la rémunération est jugée juste et équitable.

Si les managers ont la volonté de mettre en place des situations de polyvalence professionnelle pour lesquelles des membres du personnel de la structure vont intervenir, elles doivent s'accompagner, soit d'une révision des salaires, soit de promotions des individus concernés.

La polyvalence est un effort qui est demandé ou présenté au personnel. Sans contrepartie, on ne pourra pas obtenir grand-chose, sauf si l'on arrive à concrétiser le statut de polyvalent à partir d'un métier ou de plusieurs métiers de base et à lui conférer un grade, un niveau, un titre, un coefficient et un salaire correspondants, ce qui serait un idéal, mais qui est loin d'être atteint.

6

QUELLES CONSÉQUENCES SUR LA QUALIFICATION ET LA FORMATION DES SALARIÉS ?

LA FORMATION PAR L'EXPÉRIENCE

Une formation adaptée à la transversalité

Le caractère transversal de la polyvalence professionnelle nécessite une approche de la formation quelque peu différente d'une approche classique que l'on rencontre dans les formations visant une spécialisation dans un métier précis. L'approche que nous allons adopter maintenant s'éloigne des formations classiques. La polyvalence, dans sa forme élargie, la multipolarité professionnelle, est la résultante de compétences, qualifications et capacités acquises tout au long de la vie personnelle et professionnelle d'un individu. Tout processus d'apprentissage n'étant que la succession de connaissances et de savoirs accumulés tout au long de la vie, il est donc préférable de ne pas gaspiller cette richesse et en tirer le maximum d'avantages.

L'individu est pris dans sa globalité et non plus seulement sur ses aspects purement professionnels.

L'individu est pris dans sa globalité et non plus seulement sur ses aspects purement professionnels. Cette vision holistique de l'individu a tendance à le replacer dans une nouvelle dimension par rapport à ses objectifs de vie professionnelle et d'épanouissement personnel. Il est fondamental de considérer un individu dans son environnement professionnel avec l'ensemble des éléments qui font son potentiel de développement. Le cadre habituel des frontières du métier est donc dépassé pour se porter sur d'autres aspects de la personnalité plus larges et plus propices à aider au développement de l'individu et de la structure. C'est en grande partie ce qui nous a amené à considérer certains traits de la formation par l'expérience comme étant un des moyens appropriés pour sortir de la spécialisation et aller vers la multicompétence, la polyvalence et la multipolarité professionnelle.

Étant donné que la polyvalence est la caractéristique propre de l'adaptation de certains individus à des situations qu'ils ne connaissent pas d'avance, il est donc utile de les aider à affronter ces situations. Les situations de polyvalence professionnelle, si elles avaient été stéréotypées et quasiment identiques, auraient été plus faciles à examiner. En fait, chacune est différente avec ses particularités. Il est donc impossible de s'entraîner par avance ou monter des formations adéquates.

Exemple ⎸

Le plombier en activité : quelle formation ?

Si un plombier doit faire appel à des techniques issues de l'électronique, il est impossible de connaître d'avance toutes les situations qu'il rencontrera dans ce cas, et jusqu'à quel niveau d'électronique il devra faire face. Pourtant, certains plombiers n'ont pas de connaissances en électronique alors que d'autres ont un niveau suffisant pour faire face à de nombreux problèmes.

Il est difficile de dire à un plombier qu'il est indispensable de se former en électronique sachant que l'on ne connaît pas d'avance le niveau souhaité et que ses connaissances de base en plomberie sont suffisantes pour régler la majorité des problèmes de plomberie qu'il est susceptible de rencontrer.

Dans cet exemple, on est dans une sorte d'impasse ; on aimerait, dans l'intérêt de la structure et de l'individu, pouvoir répondre à la question. Dans la plupart des situations de polyvalence professionnelle, ce type de questions agaçantes renvoie des images négatives et ambiguës, alors que les solutions sont très intéressantes et source de performance. En essayant de traiter l'« objet » représenté par la situation mettant en œuvre des spécificités de polyvalence professionnelle, nous nous perdons dans un dédale infini de situations tout aussi complexes les unes que les autres, sans en voir la fin et l'ensemble des solutions possibles. Nous préférons traiter le « sujet » représenté par l'individu susceptible de mettre en œuvre des spécificités de polyvalence professionnelle afin de l'aider à faire face au maximum voire à la totalité des situations qu'il serait susceptible de rencontrer.

Sauf exception, il est difficile de lui donner une formation appropriée correspondant parfaitement au niveau souhaité et dont il peut avoir besoin au moment opportun. Pour pallier cette difficulté, nous avons, dans un premier temps, élaboré les étapes de la multipolarité professionnelle par laquelle nous pouvons vérifier d'avance l'ensemble des critères énoncés dans les différentes fiches d'évaluation. Ce point est important car nous nous donnons les moyens de connaître avec précision l'ensemble du potentiel d'intervention des individus, sachant qu'eux-mêmes sont détenteurs de l'information qu'ils autorisent à faire connaître et à faire évaluer au mieux de leurs intérêts et ceux de la structure. Pour la formation proprement dite, nous n'écartons pas la possibilité de recourir à des formations classiques. L'individu atteint ainsi un niveau souhaité. Nous l'intégrons dans notre démarche. Si elle permet de résoudre les problèmes et de répondre à de nombreuses questions, on ne peut que s'en féliciter.

Une formation par l'expérience et l'immersion dans la réalité

Nous avons vu que les formations classiques peuvent être trop ou pas assez élevées, ou tout simplement éloignées des problèmes rencontrés et des questions posées. Elles engendrent ainsi des frustrations et une perte de temps.

La formation par l'expérience [1] nous paraît répondre plus précisément à nos questions en aidant les individus et les structures à développer une forme d'apprentissage en adéquation avec les préoccupations ci-dessus. On retrouve le principe de l'autoformation où le formé est son propre enseignant. C'est par la découverte et l'avancement sur soi-même tout au long du vécu des expériences que chaque individu construit son savoir et ses compétences. On cherche, par ce moyen, à développer une capacité interne de découverte, de compréhension et de réflexion afin de ne pas vivre l'expérience comme un moment qui se termine avec sa fin.

> Travailler la formation par l'expérience c'est intégrer l'ensemble des données tirées des leçons du vécu sur le terrain.

Travailler la formation par l'expérience c'est intégrer l'ensemble des données tirées des leçons du vécu sur le terrain et d'y réfléchir sous forme d'un enseignement que chaque individu se construit personnellement. On ne peut donc concevoir l'acquisition de savoirs, uniquement par la constatation des faits empiriques, mais en dépassant ce stade pour aboutir à l'intériorisation de ce que l'on a expérimenté. L'individu est ainsi immergé dans un environnement qu'il connaît peu ou pas du tout qui lui permet d'aller lui-même à la découverte de ses possibilités. L'individu polyvalent est avant tout un volontaire. La polyvalence imposée étant, la plupart du temps, source d'échec et, dans le cas de la formation par l'expérience, une erreur difficile à rattraper.

---

1. Voir aussi la formation expérientielle, *in* Alain Kerjean, *Les Nouveaux Comportements dans l'entreprise*, Éditions d'Organisation, Paris, 2000.

La découverte d'autres postes de travail, d'autres secteurs ou services de la structure mais aussi la découverte d'autres structures ou lieux totalement différents du lieu habituel d'exécution du travail est un enrichissement. **Le changement d'environnement est une aide considérable dans la formation par l'expérience.** Nous pouvons être au sein d'un environnement de travail classique mais aussi dans le monde académique, universitaire ou simplement dans un milieu naturel.

Le milieu peut aider à l'autoformation, donc revêtir de multiples formes, dans la mesure où il constitue un endroit propice au développement personnel. Les managers de la structure ont un rôle déterminant car ils encouragent le formé à faire son propre choix à partir des objectifs qu'ils ont fixés en commun mais, en dernier ressort, c'est le formé qui fait son choix. L'autoformation par l'expérience confère une grande responsabilité au formé qui va devoir l'assumer en grande partie et en tirer toutes les leçons possibles. On ne peut avoir d'expériences significatives qu'à partir du moment où l'on se trouve dans des conditions d'apprentissage idéales. De ce fait, le formé se retrouve dans la position d'un entrepreneur de sa propre formation qui choisit en toute conscience son terrain d'expérience.

Par définition, l'expérience est la base de l'incertitude, ce qui rejoint la polyvalence professionnelle. Dans ces conditions, il ne peut donc y avoir de programme prédéfini, il serait illusoire de prévoir l'incertitude. Il est donc préférable que l'immersion soit complète et dans la réalité du terrain.

Exemple ────────────────────────────────────

L'apprentissage d'une langue étrangère par immersion

Si l'on apprend une langue étrangère dans un pays étranger, on peut travailler les bases de la langue. Se retrouver dans le pays peut engendrer toutes sortes de situations aussi imprévues les unes que les autres et auxquelles il va falloir faire face en parlant la langue en question.

L'expérience réelle peut être source de difficultés et d'erreurs qui font partie de l'autoformation ; y réfléchir permet de trouver les moyens adéquats pour les surmonter. Dans le cas d'une structure complexe, il est important que les dirigeants déterminent la marge d'erreur et la ligne limite que l'on ne pourra franchir pour des raisons de bonne marche et de sécurité. Le formé se trouve porteur de ses réussites et de ses échecs. Les résultats vont donc dépendre de la capacité et de la volonté de chacun et sont les acquis de chacun. La formation par l'expérience ne comporte que quelques lignes directrices :

– Les managers de la structure sont des facilitateurs et favorisent l'exploration d'autres environnements en encourageant le formé.

– Les formés assument pleinement leurs responsabilités et avancent en fonction de leurs besoins et des besoins de la structure.

– Il n'y a pas de limites à la connaissance et l'acquisition de compétences. Toutes formes d'acquisition de compétences, qu'elles soient théoriques ou pratiques, peuvent servir utilement au formé.

– Le temps n'est pas primordial car les expériences sont aussi fonction du hasard du quotidien du formé et de l'environnement dans lequel il se retrouve.

– La structure peut faciliter des situations souhaitées à l'insu du formé afin de provoquer chez lui des réactions d'autoformation.

– Les expériences doivent être un moyen d'introspection des valeurs propres à chaque individu et, si besoin, une remise en cause de celles-ci dans un sens d'amélioration et d'ouverture vers le monde et les autres.

L'intérêt principal est d'acquérir de l'expérience en terme de réactivité et de possibilité de résolution de problèmes et de réponses aux questions plutôt que d'emmagasiner du savoir dans le seul but de capitaliser de la connaissance qui peut s'avérer insuffisante lors de la confrontation avec des situations inconnues. S'autoformer par l'expérience correspond à l'adage célèbre « une tête bien faite plutôt qu'une tête bien pleine ». La formation classique est à la portée de tous ceux qui veulent y accéder en faisant un effort de compréhension. Dans la formation par l'expérience, l'élève et le professeur sont une seule et même personne. En conséquence, le degré de satisfaction et de réussite sera largement corrélé par le degré d'implication que chaque formé mettra dans sa propre formation. Les résultats qui en découlent ne peuvent être observés que par la restitution de la compétence mise en œuvre dans des situations futures et inconnues.

> S'autoformer par l'expérience correspond à l'adage célèbre « une tête bien faite plutôt qu'une tête bien pleine ».

L'aspect holistique généré par l'ensemble du processus d'autoformation tient compte de la qualification de départ, que l'on peut résumer au métier, mais aussi par l'ensemble de l'expérience vécue et des éléments acquis au fil du temps. Nous avons donc privilégié, dans la multipolarité professionnelle, un ensemble d'éléments dépassant le cadre du métier ou de la qualification, pour nous orienter vers un concept où l'individu est pris dans sa globalité. Il reflète ainsi le potentiel qu'il peut développer, notamment dans des situations inconnues de polyvalence professionnelle.

Les éléments ci-dessus apportent une réelle appréciation du nouvel environnement dans lequel se trouve le formé. Ils l'aident à résoudre des problèmes, en développant chez lui un esprit d'imagination et de créativité afin de développer le plus grand sens de l'adaptation, ce qui semble déstabilisant pour le formé. C'est aussi ce qui fait la force de son autoformation. Il semble donc difficile de dire que la formation par l'expérience puisse s'adapter à tous. Toutefois, pour la recherche d'individus polyvalents ou à multipolarité professionnelle, la capitalisation des expériences du passé, combinée avec une formation par l'expérience, semble apporter des résultats satisfaisants. La formation par l'expérience n'est pas rigide et adopte une plasticité des situations afin que le formé puisse vivre l'expérience en fonction de ses besoins.

Exemple

La rotation jour/nuit

On peut organiser une rotation de postes pour connaître le nouveau poste mais on peut également, sur deux postes strictement identiques nécessitant les mêmes tâches d'exécution, organiser une rotation jour et nuit afin de faire vivre au formé une expérience du travail de nuit si son poste est habituellement de jour.

Dans cet exemple, le travail semble identique mais l'expérience de nuit peut révéler d'autres formes de conditions de travail quasiment inconnues. Elles peuvent constituer un moyen pour tester son stress et son endurance, s'organiser de façon plus solidaire avec ses collègues de travail, découvrir des aspects particuliers du travail passant inaperçus le jour.

L'expérience est source d'inspiration et de transformation de sa réflexion. L'important réside dans le vécu de l'expérience mais l'essentiel est l'interprétation des leçons tirées de l'expérience afin de restituer au mieux des comportements satisfaisants dans des situations futures. Ceci évidemment peut porter sur des circonstances de réussite mais aussi d'échec, auxquelles il est nécessaire d'apporter la plus grande attention. L'analyse des aspects négatifs des situations qui se sont traduites par des échecs constitue un point positif très important. Nous avions dit que le formé était volontaire. Il est donc prêt également à subir des revers de situations pouvant affecter son enthousiasme. Essayer de tenter d'aller de l'avant est une force qui l'encourage d'autant plus. La structure et les managers sont conscients de ce risque. Dans toute expérience il y a toujours le risque d'échouer, c'est la voie vers la maturité et la croissance.

La réussite de la formation par l'expérience : éviter l'esprit de compétition et de performance

> ➤ **La capacité de chaque formé à se dépasser sans esprit de compétition ou de performance est une des clés de la réussite.**

Certains managers ont, à ce stade, la fâcheuse tendance à introduire un esprit de compétition par la fixation d'objectifs en complet décalage par rapport au formé. La capacité de chaque formé à se dépasser sans esprit de compétition ou de performance absolue est une des clés de la réussite.

Exemple

L'expérience de la navigation

Partir en mer peut être le plus agréable comme le pire moment que l'on puisse vivre. Tout peut dépendre d'éléments totalement imprévus.

Dans la formation par l'expérience, les managers sont des facilitateurs qui permettent au formé de vivre l'expérience de la navigation. C'est seulement le formé, avec l'ensemble des éléments recueillis, qui décidera de partir au moment qu'il jugera opportun. Ce n'est qu'au retour que l'on pourra constater le niveau atteint. En fonction des circonstances rencontrées, son niveau sera différent, mais c'est le formé qui aura choisi, avec les incertitudes de la navigation. Un autre problème peut surgir : la critique. Dans l'exemple ci-dessus, le formé peut choisir une simple balade en mer près des côtes avec un temps calme ou partir au loin avec du mauvais temps. L'expérience vécue sera d'autant plus enrichissante qu'elle portera des appréciations différentes pour le formé. Les objectifs et le niveau à atteindre, doivent donc être préalablement fixés, ce qui a pour avantage de conditionner le formé par rapport à l'idée qu'il se fait d'une expérience qu'il n'a pas encore vécue. Il n'est donc pas utile de vivre une expérience pour rien ou pas grand-chose. Le but est d'aider le formé à prendre conscience de ses capacités et de ce qu'il veut faire.

Si le formé n'éprouve pas le sentiment de sécurité et de confort dans son poste il n'y a rien de tel que de lui faire vivre une expérience qui l'amènera dans des situations difficiles et opposées à la sienne.

La formation par l'expérience : la sélection des candidats

Avant de passer à l'action, ce peut être l'occasion, pour les managers, de déceler les vrais volontaires et d'éliminer les curieux et les indécis qui ont envie de vivre d'autres expériences pour des raisons éloignées du travail et de la polyvalence professionnelle. Chaque expérience peut prendre beaucoup de temps et coûter cher. Il n'est donc pas inutile d'éliminer certains individus qui se font souvent de fausses idées sur ce qui se passe ailleurs. L'immersion par l'expérience vécue est donc une forme de sélection qui peut être précédée par un entretien loyal. Si l'on reprend l'exemple ci-dessus, on peut dire qu'apprendre la navigation par beau temps près des côtes peut être un début d'apprentissage actif qui n'a rien à voir avec le titre de navigateur qui s'acquiert dans d'autres circonstances.

Si le niveau souhaité ou exigé par les managers est élevé, une mise au point dès le départ est nécessaire afin d'orienter la formation par l'expérience en fonction des besoins de la structure et les capacités du formé. Vivre des expériences différentes est un moyen sûr d'accélération d'apprentissage par une écoute active mais aussi par l'intériorisation des éléments reçus. Ce qui nous amène à l'anticipation presque systématique ou plus simplement au retour en arrière permettant de se poser les questions utiles. Les interrogations légitimes après un échec permettent de comprendre exactement ce qui s'est passé, et surtout pourquoi.

L'analyse du déroulement de l'expérience vécue

Remonter en arrière constitue une introspection parfois difficile à accepter. Ne voir ses erreurs que par des causes extérieures à son action est souvent la persistance dans ses propres erreurs. L'expérience est donc là pour aider à la compréhension de ce qui se fait mais aussi ce qui ne doit pas se faire, à cause de ses propres limites. Pour la polyvalence, par exemple, on ne peut accumuler des compétences sous prétexte qu'on a l'occasion de le faire parce que l'on vit de nombreuses expériences. L'accumulation de compétences, de savoirs, de qualifications et de capacités professionnelles peut traduire une réelle superficialité qui se constitue au fil du temps par le seul fait que l'individu n'a pas l'occasion de les mettre en pratique. Il est donc illusoire de penser que la polyvalence est un moyen idéal pour résoudre beaucoup de problèmes. Seule l'expérience acquise et régulièrement restituée peut en être la preuve.

En terme de responsabilité, il y a partage et équilibre dans la progression du formé avec les managers de la structure. Les individus en formation ou formés se jugent, dans une plus grande partie, responsables de ce qui leur arrive, de ce qu'ils font, et ont donc une tendance à s'impliquer davantage. Ceci se traduit par une réflexion appropriée à chaque début de cycle de travail. Le fait d'avoir suivi une formation par l'expérience développant des capacités d'anticipation et d'adaptation conduit inévitablement à une plus grande autonomie, notamment dans la prise de décisions et la prise de risques. Ce ne sont plus uniquement les autres ou des faits extérieurs qui sont causes d'échecs mais aussi ceux qui sont investis d'une plus grande part de responsabilité. Tout au long de la formation par l'expérience, on fait jouer l'émergence de la différence, comme repartir sur un nouveau créneau, présenter une innovation constructive pour l'individu et la structure, dans une dynamique évolutive.

S'insérer dans l'action par l'expérience, notamment en essayant de vivre des situations de polyvalence professionnelle, est une manière de voir la réalité qui détermine les attitudes, les comportements et gère les motivations. Être dans la facilité sclérose et fige l'individu. Au contraire, vivre des difficultés et les surmonter donne un sens à sa vie. C'est une affirmation délicate car la recherche de la difficulté n'est pas le but de la plupart des individus. On arrive donc à ce cruel dilemme de l'immobilisme dans la facilité et de l'épanouissement dans la difficulté. Si l'on prend uniquement la vie professionnelle, chaque individu connaît des périodes faciles et d'autres difficiles en fonction de ses propres critères d'appréciation.

La formation par l'expérience s'avère fort utile pour aider l'individu à sortir de l'immobilisme de la facilité et en apprécier par la suite tous les bénéfices. Elle l'aide à surmonter, grâce aux expériences vécues sur le terrain, à ses doutes et ses interrogations et lui permet de trouver de nouvelles solutions.

UNE DOUBLE DYNAMIQUE : COMPRENDRE POUR APPRENDRE

Les attributions fonctionnelles d'un individu ont pour caractéristique, pour ne pas devenir improductives, de devoir se combiner avec la dimension de contribution/rétribution qui est en particulier à la base de l'engagement contractuel de la structure et de l'individu. Aussi, pour rester fonctionnelles, les attributions professionnelles doivent correspondre à une valeur intrinsèque de la personne qui occupe le poste, par un salaire estimé adéquat et par une reconnaissance symbolique, notamment par son titre, son niveau hiérarchique, son pouvoir.

Peu ou prou, une action de formation a toujours vocation à aider l'individu, mais elle a inéluctablement pour aboutissement un objectif d'élévation de son niveau et parfois de son autonomie. Cette situation est paradoxale : en cherchant à faire émerger des capacités et qualités professionnelles des individus, la structure crée une dissociation entre son intérêt et l'intérêt personnel de l'individu. Si l'on aide, par exemple, un individu à se former, il faut connaître d'avance si la formation va créer chez cet individu une meilleure intégration ou une réelle distanciation entre son nouveau savoir et son poste pour ce qui concerne ses attributions, son niveau hiérarchique et son salaire. Nous voulons exprimer par là cette difficulté des individus aptes à se positionner dans des situations de polyvalence qu'ils peuvent juger en total décalage par rapport à leur fonction d'origine. Le problème vient souvent à la fin de la formation. Chacun perçoit alors l'intérêt de sa formation et le décalage par rapport au rendu dans son cadre professionnel.

Dans cette évolution, l'organigramme peut chanceler comme un immeuble lors d'un tremblement de terre. L'encadrement voit ses propres prérogatives redéfinies, son champ d'intervention réaménagé, ses savoirs débordés et la légitimité de ses pouvoirs remise en cause. L'effet de seuil de la formation du point de vue du changement doit être souligné. En deçà, il y aura seulement un changement d'équilibre. Des individus auront appris sans que cet apprentissage ne modifie fondamentalement l'organisation, surtout s'il n'y a pas atteinte aux prérogatives du pouvoir en place. Au-delà, il y aura un seuil où apparaîtront des modifications dans la structure, une réorganisation de la distribution des tâches et des métiers, une nouvelle façon de coopérer et de communiquer, des promotions professionnelles, une réduction des niveaux hiérarchiques, des modes de participation étendus. En ce sens, on peut vraiment parler de requalification, de nouveau départ, de rebondissement, en bref, d'une autre culture.

Ce type d'exemple démontre que la polyvalence découlant de la formation bien organisée, va avoir un effet multiplicateur sur la structure. Les individus n'ont pas besoin de répondre au critère de « polyvalent ». Seule une minorité peut changer la structure en organisation qualifiante où chacun peut accéder à l'apprentissage par la compréhension. Dans une organisation ouverte, il n'est pas nécessaire de se cantonner à des métiers traditionnels présents depuis longtemps dans la structure. Il est impossible d'intégrer des individus avec un autre métier ou une autre culture.

L'éthique des affaires

L'éthique des affaires a fait son apparition il y a quelques années, en tant que discipline fondamentale, comme le commerce ou le droit. Introduire de l'éthique au niveau des relations entre individus peut aider à comprendre certaines choses et les aider à apprendre ou réapprendre leur métier de base sans pour autant avoir un spécialiste de l'éthique des affaires en permanence.

Il s'agit d'une discontinuité structurelle, qui correspond à une véritable innovation où l'apprentissage devient le moteur de la compréhension par le seul fait de l'acceptation de l'inconnu.

Les salariés, y compris les managers, ne peuvent donc se prévaloir d'une quelconque autoprotection vis-à-vis de la formation. Tout au plus, peuvent-ils garantir, par leur propre engagement personnel et leur conviction, qu'ils sont, eux aussi, en tant que sujets, impliqués dans ce mouvement que leur action a peut-être déclenché, et prêts à mettre leur technicité au service de l'ensemble de la structure, créant ainsi une interdépendance.

Procédure d'enclenchement de la formation/action
ou comprendre pour apprendre

– Repérer les différences fondamentales et les analyser pour connaître l'impact entre les savoirs supposés ou réels et les réalités de terrain. C'est sur ce point que l'évaluation prend son importance. En effet, l'écart entre ce que l'on croit savoir et ce qui est vraiment suscite toujours de l'inquiétude et de l'étonnement. Construire des référentiels de métiers avec possibilité de polyvalence par le collectif tout entier (cadres et non-cadres), poser dès le départ la question de l'évaluation de l'action dans une perspective dynamique, implicite, est une nécessité.

– La mémoire et les hommes-ressources, en élaborant par exemple un fichier des personnes et lieux-ressources utiles au métier, ou des fiches descriptives des postes par les opérateurs eux-mêmes. L'importance de la trace écrite est fondamentale, on a vu que la multipolarité professionnelle ne peut se mettre en place qu'à partir du moment où l'on quantifie et qualifie tout le processus.

– L'imagination, si utile pour se représenter des évolutions, peut passer par des simulations, comme on l'a vu sur un site, ou simplement des mises à l'épreuve ou chacun peut montrer son savoir. Dans d'autres cas, rien n'empêche de faire appel à des experts extérieurs aptes à évaluer les capacités de chacun en fonction de critères bien définis.

– Le traitement de ses propres résistances, qui peut s'exprimer par un refus net d'entrer dans une démarche de formation porteuse de grand changement sans véritable contrepartie. On a déjà signalé que l'aspect volontariste du système de polyvalence professionnelle était très important.

Les principes d'action de la dynamique comprendre pour apprendre

Ils concrétisent la capacité des intervenants en matière de polyvalence professionnelle par le fait de viser l'accroissement des capacités d'intervention sur soi-même (niveau de base, connaissances d'autres métiers, secteurs, etc. ; voir Étapes 1 à 6, développées dans le chapitre 5) ; concrétiser la reconnaissance par la validation (voir Étapes 7 et 8 développées dans les chapitres 6 et 7) ; prendre en compte les contraintes et les ressources de la structure considérée comme un système complexe, dans lequel les stratégies d'attaque ou de réponse du marché sont à construire en cohérence avec des stratégies professionnelles distinctes ; favoriser la relation intrastructure avec, comme élément moteur, la communication ; définir et traduire pratiquement ces options, sous forme de propositions et de projets à conduire collectivement par exemple : projet d'établissement pour le secteur public ou plan stratégique d'ensemble pour le secteur privé ; mettre en place un objectif de production liant logique de production et logique d'organisation afin de concilier au mieux l'apprentissage personnel et les impératifs de la production ; observer les compétences d'équipes composées de personnes de plusieurs niveaux hiérarchiques, afin d'impliquer le plus grand nombre de personnes et déterminer les zones de compétences restant à développer en fonction des objectifs de la structure ; étendre des pôles d'excellence [1], dans une sorte de formation par les pairs, et en appui avec la Direction des ressources humaines, de manière que tous les opérateurs acquièrent les compétences requises.

LA POLYVALENCE ET LE MARCHÉ DE L'EMPLOI

La polyvalence professionnelle est très souvent citée dans de nombreuses offres d'emploi, à tel point qu'on a l'impression que son usage se banalise. Aussi paradoxale qu'elle puisse paraître, la polyvalence, avec toute l'ambiguïté du terme et les difficultés d'appréciation qu'elle soulève, génère de l'enthousiasme et un réel besoin de la part des employeurs. À part quelques cas particuliers, elle ne représente qu'une minorité des offres d'emplois incluant le terme « polyvalent » dans l'intitulé. C'est le cas notamment de certaines offres dont le titre est « ouvrier polyvalent ». La plupart du temps, il s'agit d'une classification particulière aux contours flous, avec le reflet de l'expression du besoin d'une structure pour un ouvrier touche-à-tout sans véritable

> ▸ La polyvalence ne représente qu'une minorité des offres d'emploi incluant le terme « polyvalent » dans l'intitulé.

---

1. J. Fraisse, M. Bonetti, V. de Gaulejac, *L'Évaluation dynamique des organisations publiques*, Éditions d'Organisation, Paris, 1987.

spécialité. Ce genre d'annonces ne va pas influencer le marché du travail ou modifier les formations professionnelles de l'ensemble des professions reconnues avec la polyvalence comme principal critère.

Le terme de polyvalence professionnelle se retrouve dans le corps des annonces d'offres d'emploi publiées ou présentées, rarement dans le titre. La spécialisation est, donc, toujours la base de l'emploi. Elle constitue en effet la référence institutionnelle par rapport à un métier ou une qualification. Mais la polyvalence acquiert ses lettres de noblesse en tant qu'élément, certes secondaire mais réellement présent, dans les attentes des employeurs. Ce phénomène croissant démontre le réel besoin des employeurs en matière de polyvalence professionnelle. Il y a donc existence des mentions de la polyvalence professionnelle. Elle est souvent présentée comme telle, sans grande précision ou détails particuliers.

Exemple

Styles d'offres

« Comptable qualifié, niveau DECF, 10 ans d'expérience professionnelle, connaissant le secteur agroalimentaire, etc., et parfaitement polyvalent ».

À la lecture d'une telle offre on comprend les différents éléments de la spécialisation : le titre, le métier, le diplôme, l'expérience, le secteur d'activité. Ces éléments ne présentent pas de difficultés d'appréciation. Il est aisé de les comparer avec ceux d'un candidat qui répondrait à cette offre d'emploi. Cependant, la suite de l'annonce introduit la polyvalence professionnelle, ce qui ne manque pas de susciter de nombreuses interrogations.

Le point de vue des employeurs

Présenter une offre d'emploi classique qui s'arrêterait à l'énoncé des différents points de la spécialisation et de la compétence requise ne ferait que renforcer le caractère banal de l'offre. Ceci aurait pour conséquence de voir affluer un grand nombre de candidatures provenant de toutes parts, sans véritable distinction particulière.

En ajoutant la polyvalence professionnelle et, de surcroît, en la qualifiant de « parfaite », on suscite des réactions et des interrogations chez les futurs postulants qui vont, par le jeu de l'incertitude ou de l'interprétation de ces termes, modifier leur réaction. Les modifications des réactions peuvent être de deux ordres :

– soit le postulant ne saisit pas très bien ce qu'on lui demande par le terme de polyvalence et dans ce cas il va renoncer à postuler ;

– soit le postulant se sent vraiment à l'aise dans l'ensemble des matières professionnelles proches de la comptabilité (fiscalité, droit, informatique, gestion, finance) et il va renforcer sa motivation pour répondre à cette offre.

La polyvalence professionnelle a un effet multiplicateur chez les employeurs. Elle va leur permettre de renforcer l'efficacité et la conviction de ce qu'ils pensent trouver chez les futurs candidats. Si les employeurs s'en tiennent à la classique offre d'emploi, ils laissent la porte ouverte à tous types de candidats. On sait très bien qu'une procédure de recrutement est longue, fastidieuse et onéreuse. Ils auront donc tendance à l'alléger afin de la rendre plus efficace dans leur intérêt mais aussi dans l'intérêt des candidats.

> **En matière de recrutement, il y a l'annonce qui paraît à travers l'offre d'emploi mais, surtout, ce qui se passe par la suite.**

Pour les employeurs, jouer sur l'ambiguïté de la polyvalence professionnelle présente un avantage incontestable. Autant il est difficile de cerner la polyvalence dans le travail, autant l'ambiguïté du terme peut être un véritable atout lors du recrutement et de la sélection des candidats. On s'aperçoit donc qu'en matière de recrutement, il y a l'annonce qui paraît à travers l'offre d'emploi mais, surtout, ce qui se passe par la suite.

L'offre d'emploi décrit le candidat « idéal » recherché par la structure. Ensuite, il y a la réalité des postulants, avec leurs particularités qui ne correspondent pas toujours aux critères de l'offre. Le candidat « idéal » est un être mythique qui n'existe pas. Il faut donc le rechercher à travers la compétence et les personnalités des candidats qui vont postuler en essayant de les rapprocher au plus près du standard défini dans l'offre. Toutefois, lors de la sélection, le standard du candidat idéal est défini dans l'offre mais aussi ses particularités, proches, certes, de ce standard, et sa personnalité. On peut donc dire que le standard du candidat « idéal » évolue avec la sélection et la rencontre des postulants. Il se passe l'effet inverse. Les recruteurs modifient leur vision en fonction de ce qu'ils perçoivent par la sélection des curriculum vitae et des entretiens avec les présélectionnés. Ce sont les postulants qui construisent le candidat idéal à partir de leurs réponses à l'offre jusqu'aux derniers entretiens de sélection.

Aucun recruteur ne peut résumer, dans les quelques lignes d'une offre d'emploi, l'ensemble des compétences et traits de personnalité qu'il attend chez le futur recruté et ce, d'autant plus qu'il ne connaît pas d'avance sur qui va se porter son choix. Dans cette analyse, la polyvalence va donc jouer un rôle considérable. Elle ne sera pas la base de la sélection qui s'opère habituellement par la spécialisation du métier mais elle va intervenir, en second lieu, en façonnant le candidat lambda en candidat « idéal ». Elle va donc amplement aider le recruteur à sélectionner les candidats et, peut-être même, à déterminer le choix final.

La polyvalence, dans cette approche, est toujours secondaire ou minoritaire par l'importance mais elle devient indispensable pour faire basculer la décision. Elle représenterait les quelques pour cent restants pour atteindre la majorité. En terme d'importance quantitative elle est faible en comparaison de la spécialisation mais en terme d'importance qualitative elle est primordiale. C'est en grande partie la raison pour laquelle les recruteurs deviennent aussi exigeants sur la polyvalence professionnelle des candidats, sachant pour autant qu'ils ont des difficultés à la définir d'avance et que chaque candidat aura lui-même sa propre définition et expérience de la polyvalence.

Ce système est relativement pervers. Le questionneur nous conduit dans l'attente d'une réponse à une question dont il affinera les contours, dans la mesure où il obtiendra une réponse venant préciser les termes de sa question. Ce sont les candidats qui contribuent à définir le poste avec pour avantage l'utilisation du terme de polyvalence pour parfaire cette opération.

La polyvalence, du côté des recruteurs, devient donc un incontestable atout pour la sélection des candidats mais aussi pour mieux comprendre le marché du travail et ce qui se fait dans le monde du travail. La spécialisation étant, par définition, la représentation du métier, on peut avoir le sentiment qu'elle représente la base du travail quotidien. Or, en réalité, deux personnes exerçant la même profession ou le même métier dans le même secteur d'activité, dans deux structures différentes peuvent accomplir des tâches tout à fait différentes. Très souvent c'est la polyvalence professionnelle qui fait la différence, les recruteurs le savent mais ne peuvent le vérifier sur le terrain, ce sont donc les postulants qui vont apporter un éclaircissement qui va modifier considérablement la vision première de l'individu idéal décrit dans l'offre d'emploi pour en donner un aspect plus conforme à la réalité.

Le point de vue des candidats

À la lecture d'une offre d'emploi qui utilise les termes de polyvalence professionnelle, la réaction des candidats va être modifiée en raison de leur interprétation. La perception de ces termes va avoir pour conséquence de faire renoncer certains candidats qui pourront l'interpréter de façon négative. Cet effet va renforcer la conviction et la motivation d'autres candidats qui saisiront l'occasion de montrer leur différence. Tous les demandeurs d'emplois savent qu'en période de difficultés sur le marché du travail où les offres sont peu nombreuses par rapport aux demandeurs, le choix final d'un futur recruté se fait sur des éléments secondaires tels que la polyvalence professionnelle. En conséquence, les candidats auront à cœur de démontrer leur capacité à être polyvalents même s'il leur revient la responsabilité d'expliquer ce qu'ils entendent par ce terme et ce, d'autant plus s'il a été mentionné dans l'offre n'est pas toujours évident pour eux. Le dilemme est cruel : montrer que l'on est un candidat polyvalent mais aussi assumer la responsabilité de cette affirmation.

Reprenons l'annonce du comptable parfaitement polyvalent. On peut dire qu'un employeur aura intérêt à recruter un comptable qui maîtrise l'informatique en réseaux, notamment en raison de l'importance des réseaux informatiques dans les services administratifs et comptables.

En conséquence, on entendra par polyvalence professionnelle : la comptabilité et l'informatique en réseaux. De ce fait, un comptable qui ne connaît pas l'informatique en réseaux sera pénalisé par rapport à un autre candidat. Un comptable qui maîtrisera des techniques fiscales approfondies pourra également se prévaloir d'être parfaitement polyvalent ; il se proclamera autant fiscaliste que comptable à la suite de son interprétation de la polyvalence professionnelle. Étant donné qu'aucun candidat ne saura d'avance ce que cache le terme de polyvalent, chacun aura intérêt à le peaufiner au mieux de ses intérêts.

> **On ne répond pas à une annonce comportant le terme polyvalent comme à une autre annonce axée principalement sur le métier et la compétence unique du candidat.**

On ne répond donc pas à une annonce comportant le terme polyvalent comme à une autre annonce axée principalement sur le métier et la compétence unique du candidat. La stratégie de réponse du candidat à une annonce comportant le terme de polyvalence peut être une occasion d'explication supplémentaire sur ses capacités et notamment sur ses possibilités de flexibilité et de compétences transversales. Lorsqu'une annonce est rédigée de la sorte, il faut y voir une volonté affirmée de la part du recruteur de favoriser l'embauche de spécialistes possédant de grandes facilités d'adaptation. La recherche va donc se porter sur des individus qui ne sont pas exclusivement enfermés dans les certitudes de leur métier sans pouvoir évoluer vers d'autres fonctions ou spécialisations.

La polyvalence est donc un excellent moyen de prouver qu'un individu est capable d'accéder à d'autres fonctions par rapport à son métier de base et qu'il présente l'avantage d'être évolutif. La polyvalence lui donnera ainsi l'avantage de mettre en évidence, non seulement des compétences de base, mais aussi tout ce qu'il aura pu acquérir comme expérience au-delà des attributions habituelles de son métier. Cependant, le risque de présenter une candidature en dents de scie peut refléter une certaine instabilité. La traduction sur le marché du travail de telles candidatures peut s'avérer catastrophique pour des individus pensant que le changement, même bien négocié, est source de dynamisme et d'adaptabilité alors qu'il pourra être traduit comme de l'instabilité et de l'incohérence. Ce risque, dans la polyvalence professionnelle, s'accentue sur le marché du travail qui ne l'accepte pas toujours très bien.

Pour un candidat postulant à un emploi, il y a nécessité de manier la polyvalence professionnelle comme un outil à double tranchant. S'affirmer polyvalent pour enjoliver un CV dans le but de séduire se révélera vite comme une tromperie qui ne durera pas longtemps. La polyvalence exige de l'authenticité d'autant plus qu'avec une méthode comme la multipolarité professionnelle les employeurs ont les moyens de vérifier la teneur des affirmations énoncées.

Ce risque existe aussi pour les employeurs qui ont souvent tendance à rechercher des individus polyvalents, c'est-à-dire multispécialistes, qui savent tout faire. Le désenchantement et l'amertume peuvent surpasser les espoirs que l'on fonde sur ce genre d'individus. On ne peut croire qu'un polyvalent peut tout faire pour la simple raison qu'il est polyvalent. Il est donc indispensable, pour un employeur qui recherche ce type d'individus, de bien réfléchir sur le niveau de polyvalence qu'il attend.

Le marché du travail : reflet des besoins de polyvalence

Le marché du travail subit toujours les premiers soubresauts des aléas que connaissent les structures et, par conséquent, les professions concernées sont touchées dans le cœur même de leur spécificité. Il s'ensuit évidemment des modifications qui vont précéder les demandes futures, notamment pour ce qui concerne la possibilité d'ouverture vers des pistes encore ignorées.

Si une structure recrute un individu beaucoup trop pointu dans sa spécialité, elle risque de ne pas pouvoir modifier ses attributions en raison de leurs précisions. À terme, elle risque de se trouver dans une impasse technique, car le besoin exprimé lors du recrutement et l'évolution de la structure peuvent être assez éloignés, créant ainsi une improductivité partielle ou totale chez l'individu concerné. C'est en particulier ce qui explique que l'on donne priorité à des candidats possédant des possibilités d'adaptation futures permettant d'atténuer le risque évoqué ci-dessus.

Le marché du travail est un excellent miroir de la situation de beaucoup de demandeurs d'emplois qui se trouvent en décalage par rapport aux besoins exprimés. Ils peuvent être pénalisés à cause de l'hyperspécialisation qui a créé des individus au métier trop compartimenté avec peu de possibilités d'ouvertures. Ils n'en portent pas pour autant la responsabilité mais ceux d'entre eux qui ont des capacités d'adaptation, issues notamment de la polyvalence professionnelle, peuvent mettre un atout supplémentaire pour leur recherche. Ce n'est pas une raison pour affirmer que toute la population au travail doit être parfaitement polyvalente. La polyvalence n'est pas l'antispécialisation mais tout simplement une forme d'adaptabilité qui peut servir aussi bien l'individu que la structure qui l'emploie.

> **Le marché du travail anticipe les besoins et les demandes de l'ensemble des structures telles que les petites entreprises et les associations.**

Le marché du travail anticipe aussi les besoins et les demandes de l'ensemble des structures telles que les petites entreprises et les associations. Beaucoup d'entre elles sont confrontées à une main-d'œuvre trop spécialisée alors que le besoin se porte sur des individus polyvalents rompus à l'ensemble des techniques connexes à leur métier de base. Rares sont les possibilités d'embauche d'un spécialiste à temps complet en raison de la faiblesse budgétaire et de la limite d'intervention sur des spécialités précises.

Le personnel administratif, par exemple, doit être à la fois capable d'accueillir le public et les clients, d'accomplir les travaux administratifs, de secrétariat et la comptabilité de base ; ce qui nécessite à la fois une formation en secrétariat, accueil, comptabilité, et de l'expérience. Le marché du travail ne peut pas toujours avoir de tels individus à disposition entraînant ainsi un manque pour de nombreuses petites structures qui ont besoin de ce type d'individus polyvalents. Quelques écoles et centres de formation forment par exemple des secrétaires comptables, c'est-à-dire des individus avec deux spécialités. Cependant, le besoin de se raccrocher à une seule spécialité, ou l'embauche de secrétaires comptables qui n'exercent qu'une seule des deux spécialités – car elles trouvent du travail dans l'une des deux spécialités – constitue une source de gaspillage.

Le marché du travail a besoin de polyvalents mais ces derniers ne sont pas forcément disponibles. On ne leur donne rien de plus que ce qu'ils ont à partir de leur spécialité de base ; le marché du travail se focalise surtout sur la spécialisation avec les risques que cela comporte. De même, le caractère ambigu de la polyvalence ne sert pas les individus qui peuvent s'en prévaloir, ce serait même souvent l'inverse. Une des solutions possibles pour favoriser l'embauche de polyvalents serait de les gratifier d'un bonus de salaire et de les utiliser effectivement en fonction de l'ensemble de leurs qualifications, compétences et capacités telles que l'on peut les déterminer dans la méthode de multipolarité professionnelle. Ceci aurait pour avantage de recenser

plus d'individus répondant aux critères de la polyvalence professionnelle et ainsi d'éclaircir le marché du travail en constatant la réalité de
ces individus. On peut se servir de la polyvalence professionnelle mais
il est temps de lui accorder tout le mérite qui lui revient, notamment
sur le marché du travail.

Dans des économies capitalistes, l'appréciation par le marché est un
gage de réussite, même si cela ne fait pas l'unanimité. Le marché du
travail a de réelles difficultés à déterminer avec précision le degré de
polyvalence requis pour les postes ayant la nécessité de recourir à des
situations de polyvalence. Il est donc illusoire de vouloir déterminer
le niveau, sachant que l'on pourrait avoir autant de réponses que de
questions posées. C'est la raison pour laquelle nous avons indiqué que
le caractère de polyvalence professionnelle est particulier à chaque
individu. Il est donc indispensable de se focaliser plutôt sur la personnalité des candidats que sur des situations de polyvalence professionnelle très changeantes et évolutives. Le marché du travail peut être
également en décalage par rapport aux besoins des recruteurs ou des
employeurs. Il est important d'inverser cette tendance en favorisant
l'information vers les structures par la valorisation de la polyvalence
professionnelle. Le terme de polyvalence est complexe, nous l'avons
maintes fois souligné, ce n'est pas une raison pour le laisser se gal-
vauder et l'utiliser incorrectement.

LA VALIDATION DES ACQUIS À « TRANSVERSALITÉ » PROFESSIONNELLE

Avant d'entrer dans la validation des acquis, il est indispensable de
préciser simplement les termes de « transversalité » professionnelle. Il
s'agit en fait de tout ce qui est en travers, c'est-à-dire qui recoupe
plusieurs secteurs ou disciplines. C'est en grande partie ce qui explique
la difficulté. On a déjà vu que le caractère transversal de la polyvalence
transforme celle-ci en un concept particulièrement difficile à cerner.

De surcroît, vouloir essayer de valider des acquis ne fait qu'augmenter
la difficulté. Pourtant, nous avons vu, par le concept de multipolarité
professionnelle, que l'on pouvait déterminer les potentialités d'individus susceptibles de se porter sur des situations de polyvalence professionnelle. En l'occurrence, il devient indispensable de valider, d'une
part, toute la démarche pour arriver aux résultats que nous avons mon-
trés, d'autre part, d'aider les individus avec un potentiel de polyvalence
à être reconnus comme tels, sachant que l'on peut, par cette occasion,

aider à faire reconnaître les structures qui entrent dans ce type de démarche comme structures ressources.

Nous disposons d'une méthode d'évaluation des individus qui nous permet de déterminer et connaître le potentiel global de la structure en terme de capital humain. En conséquence, nous pouvons entrer dans la démarche de validation de ces acquis. Dans l'exemple de la multipolarité professionnelle, nous avons élargi l'angle de vision de l'individu en ce sens que nous avons déterminé le potentiel global des individus, avant qu'il soit mis en œuvre dans le cadre de situations de polyvalence professionnelle. Par ce biais, nous considérons que tout ce qu'un individu a acquis par le passé est susceptible d'entrer dans son potentiel, à condition de l'évaluer, de le valider, de le certifier.

L'idée se situe sur un registre progressiste : démontrer que la validation est un moyen de concrétiser un potentiel qui est à la fois la capitalisation de compétences acquises au fil du temps avec d'autres compétences acquises de différentes manières, pas forcément mises en œuvre.

Dans la multipolarité professionnelle, on n'est pas directement dans l'observation effective de ce qui peut être fait. Nous avons vu que la polyvalence recouvre tant de possibilités différentes, dans pratiquement toutes les situations existantes qu'il est impossible de toutes les recenser. C'est la raison qui nous a entraîné à faire une description synthétique des différentes situations de polyvalence professionnelle. Lorsque nous l'évoquons, nous sommes dans la recherche de possibilités d'intervention de certains individus. L'élément essentiel, c'est l'individu, et non pas les situations de polyvalence professionnelle. Il est donc indispensable de connaître le potentiel de l'individu, pour évoquer de quelconques possibilités en la matière.

Focaliser notre attention sur l'individu permet donc d'aborder la polyvalence en toute quiétude. En effet, vouloir travailler avec des situations de polyvalence professionnelle exige de connaître parfaitement le potentiel de ses forces humaines. C'est possible, on l'a vu, reste à le faire valider ! Nous proposons donc le processus ci-après.

▷ **La validation est une étape nécessaire, elle confère une portée générale à l'ensemble du processus.**

Étape 7 – La validation de la démarche

La validation est une étape nécessaire dans cette démarche car elle confère une portée générale à l'ensemble du processus en impliquant :

– une méthodologie de travail reconnue par l'ensemble des acteurs ;
– une implication des salariés et de la hiérarchie de la structure sans

pour autant s'interdire les avis d'experts, consultants, chercheurs et représentants de l'autorité supérieure ;

– une régularité et une reproductibilité dans le temps avec des ajustements nécessaires ;

– une adhésion globale sans remise en cause d'avancées et d'acquis sociaux ;

– une volonté commune d'évolution et de perfectionnement ;

– la recherche de résultats satisfaisants et d'une meilleure prise en charge du client ;

– une reconnaissance de fait d'un processus à visée qualitative et quantitative.

Une méthodologie de travail reconnue par l'ensemble des acteurs

Il n'est pas concevable d'entrer dans un système d'évaluation, tel que celui de multipolarité professionnelle, pour déterminer quels sont les individus susceptibles de se porter dans des situations de polyvalence professionnelle sans avoir au préalable l'assentiment du plus grand nombre. Cette démarche est complexe, originale et progressiste, elle nécessite une réelle adhésion qui s'obtient par le dialogue, la concertation et, on le rappelle, constitue un réel avantage pour les individus concernés et la structure.

> **Le côté évolutif de la concertation est indispensable au risque de retomber dans les caricatures de la polyvalence professionnelle.**

Le côté évolutif de la concertation est indispensable au risque de retomber dans les caricatures de la polyvalence professionnelle, où l'on ne trouve que des aspects négatifs, avec les éternels refrains de la remise en cause des avantages acquis. Le rôle de chaque instance : groupe de travail, comité de pilotage et conseil des conflits de la multipolarité professionnelle est souligné pour en affirmer l'importance. Bien sûr, on peut s'en passer et organiser la polyvalence de manière unilatérale (direction). S'il fonctionne, notre propos est de trouver un moyen efficace de le mettre en route et de le pérenniser.

Le dialogue social est une expérience sans cesse renouvelée. Heureusement, pourrait-on dire, car c'est ce qui caractérise l'individu ; encore faut-il se baser sur des éléments concrets et vérifiables, c'est ce que nous proposons, à condition que l'ensemble des individus concernés aussi bien parmi les managers que les membres du personnel, puissent trouver un terrain d'entente.

Implication des salariés et de la hiérarchie

Nous avons commencé le processus de validation et souligné l'importance de la reconnaissance de la méthodologie par l'ensemble des acteurs. Ce niveau global et général nous permet de faire connaître le processus, aussi bien aux individus concernés qu'à tous les autres. L'aspect particulier de la multipolarité professionnelle ne peut être ignoré d'une partie du personnel. L'intérêt de chacun va dépendre de son degré d'implication par rapport à une myriade de situations possibles. Cependant, il faut que chacun sache au préalable en quoi consiste la démarche de multipolarité professionnelle. Ce préambule est important : dans un premier temps, un individu peut ne pas être concerné et, au fil du temps, y trouver un intérêt certain.

La multipolarité professionnelle nous permet de repérer les individus présentant des potentialités de polyvalence car il peut y avoir une infinité de situations pour lesquelles le personnel et la hiérarchie vont devoir trouver un terrain d'entente.

Exemple

Évaluer pour changer de secteur

Si un individu affirme connaître un autre secteur de l'entreprise et qu'il y ait un réel besoin de lui dans ce secteur, il va falloir que le salarié et sa hiérarchie procèdent rapidement à une évaluation pour vérifier s'il est susceptible d'être positionné dans le service concerné.

En ce sens, l'implication de tous est nécessaire, on ne peut rien laisser au hasard, il est nécessaire d'aider l'individu et la structure, de veiller à ce qu'il n'y ait pas de problèmes majeurs. Les deux parties peuvent se sentir dépourvues d'une réelle objectivité pour démontrer leur position. C'est donc à ce stade qu'elles peuvent recourir à l'avis d'experts, consultants, chercheurs ou représentants de l'autorité supérieure (ministère, maison mère, syndicat professionnel) afin d'éclaircir certaines zones et prendre les bonnes décisions.

La vérité, n'est donc pas l'apanage d'un individu, quel que soit son rang hiérarchique, son pouvoir ou son influence. On préfère la concertation et, au besoin, l'aide de personnes extérieures.

Régularité et reproductibilité dans le temps

Nous avons vu au chapitre 5 que la régularité et la reproductibilité dans le temps, avec des ajustements nécessaires, était la garantie de continuité et la pérennité par rapport aux innombrables expériences en gestion des ressources humaines, qui vivent et disparaissent aussi vite qu'elles sont apparues. Pour cette raison, la régularité et la reproductibilité doivent être incluses dans le processus de validation des acquis. On ne pourrait accepter une démarche de multipolarité professionnelle sans pour autant valider la continuité, même avec des ajustements. Il est donc nécessaire de prouver que la démarche et son inscription dans le temps sont indissociables du processus de validation. Le comité de pilotage confère un caractère officiel aux éléments de la démarche issues de l'évaluation. Le tout est repris dans le dossier individuel de chaque individu et apporte une preuve tangible du processus de validation.

On aurait pu, ainsi qu'on le voit dans de nombreuses expériences ou projets dans l'entreprise, s'en tenir à des tests, des simulations, qui n'auraient été que des essais de laboratoire avec des conséquences lointaines sans véritables retombées sur la carrière des individus concernés.

Dans notre démarche, l'ensemble de la structure est impliquée. On a signalé, au début de notre propos sur la polyvalence professionnelle, que les individus concernés avaient des difficultés à faire reconnaître leurs spécificités, ce qui nous oblige à démontrer que nous voulons aller au-delà et les aider à passer un cap difficile. On ne peut donc se contenter de faire quelques essais et, par la suite, abandonner pour retrouver des situations d'antan.

Une adhésion globale sans remise en cause d'avancées sociales

> L'individu polyvalent n'est pas un individu qui abandonne sa qualification d'origine pour trouver une forme hybride de nouveaux métiers.

La démarche de multipolarité professionnelle n'est pas destinée à remettre en cause des acquis. L'individu polyvalent n'est pas un individu qui abandonne sa qualification d'origine pour trouver une forme hybride de nouveaux métiers. Il n'y a aucun renoncement ni aucun abandon entraînant la perte de légitimité et de tous les avantages assortis à chaque métier ou profession dans l'ensemble des structures concernées. Au contraire, la démarche apporte des éléments supplémentaires de reconnaissance n'entraînant en aucune manière, la rétrogradation et l'oubli d'avantages acquis.

Certains pourraient penser que l'on peut cumuler les avantages d'une ou plusieurs professions du seul fait de la « transversalité ». La question est intéressante et a le mérite de soulever le problème des cumuls. Il est évident qu'en raison, une fois de plus, de l'infinité de combinaisons et d'addition de compétences, il n'est pas possible de dire quels sont les avantages à compiler. Toutefois, il est certain qu'à partir du moment où un individu est reconnu polyvalent ou mieux à multipolarité professionnelle, il est nécessaire de valider sa spécificité et de lui conférer une bonification temporaire ou permanente en fonction des compétences supplémentaires mises en œuvre par rapport à son métier de base. Il serait ridicule de valider des compétences supplémentaires et transversales sans les rémunérer ou les gratifier par des promotions, des formations.

Volonté commune d'évolution et de perfectionnement

Faisant suite à la question précédente, nous pouvons affirmer, d'une part, qu'il n'y a ni retour en arrière ou rétrogradation dû à la polyvalence ou à la multipolarité professionnelle, ni stagnation ou fixation d'un niveau pour un niveau équivalent. L'ensemble de situations d'individus à multicritères professionnels prouve une volonté d'évolution et de perfectionnement et non pas le désir de rester au même point. De même, les structures qui se lancent dans ce type de démarche ont réellement envie de voir leurs salariés évoluer vers d'autres fonctions, avec des retombées positives pour les structures, comme pour eux-mêmes.

C'est en ce sens que l'on peut parler de volonté commune et que l'on peut affirmer que la validation de la démarche est double et réciproque. Les salariés et les managers, au même niveau, pour porter les intérêts communs des deux parties.

Recherche de résultats satisfaisants et d'une meilleure prise en charge du client

Dans toute démarche visant à travailler dans la gestion des ressources humaines, on a tendance à se focaliser sur le personnel, avec les ajustements apportés par la hiérarchie, dans la recherche de résultats satisfaisants pour les deux parties. N'oublions pas que le client est la pièce maîtresse de toute structure publique ou privée. On entend par client toute personne ou structure intéressée par l'objet social ou la raison d'être de la structure à laquelle il a affaire. En conséquence, la recherche d'une constante amélioration de la situation des individus à l'intérieur de la structure ne doit pas faire oublier l'extérieur de la structure, représenté au mieux par le client.

Lorsqu'on dit, dans la multipolarité professionnelle, que l'individu et la structure doivent y trouver des avantages ce n'est pas au détriment des prestations fournies au client. On entend, par cette affirmation, inclure la préoccupation de l'intérieur avec les attentes de l'extérieur. Ainsi, lorsqu'on parle de continuité dans la ligne de production, on est bien dans cette logique. Le point important est, non seulement de le souligner, mais de lui accorder toute l'importance nécessaire, c'est la raison pour laquelle nous l'incluons dans la validation de la démarche.

Reconnaissance de fait d'un processus qualitatif et quantitatif

La solution de polyvalence ou de la multipolarité professionnelle est inscrite dans la durée, avec la possibilité de passer par un autre moyen.

On ne peut abandonner l'idée qu'une amélioration ne peut s'orienter que dans un sens. C'est l'avantage de la synergie que nous voulons démontrer. Si nous voulons, par exemple, avoir des individus capables de sortir de leur métier de base pour intervenir avec les aspects d'une qualification issue d'un autre métier, on aura tendance à penser en terme quantitatif, pour faire des économies. S'en tenir uniquement à cette idée peut avoir des conséquences négatives ; ce qui peut apparaître comme une solution provisoire peut, à terme, se révéler être un problème long à résoudre. La solution de polyvalence ou de la multipolarité professionnelle est donc inscrite dans la durée, avec la possibilité de passer par un autre moyen si nécessaire.

Le qualitatif et le quantitatif sont étroitement liés, on ne peut donc les séparer durablement au risque de fausser l'ensemble de la démarche et de sortir du processus de validation.

Déroulement chronologique de la validation des acquis à « transversalité » professionnelle

Rappel : la validation est une procédure interne. Chaque structure est donc libre de l'adapter à sa convenance après accord des représentants du personnel.

Premier point.	Information générale du personnel de la démarche de multipolarité professionnelle et réunion de concertation. Déroulement des étapes 1 à 6 de la multipolarité professionnelle (chapitre 5, page 112).
Deuxième point.	Le comité de pilotage, aidé si besoin d'experts extérieurs, devient l'organisme normalisateur qui va attester après accord des parties concernées, que l'individu qui a fait l'objet de la démarche est évalué et accepté à ce titre, excepté les démarches ayant recours au conseil des conflits de la multipolarité professionnelle et en attente de solution.

Troisième point. Intégration dans la politique générale de gestion des ressources humaines managée par la Direction des ressources humaines de la structure par inscription au dossier individuel de chaque individu concerné.

Quatrième point. La validation des points de multipolarité professionnelle par l'évaluation fournie lors des étapes 1 à 6 reçoit une durée de validité de 5 ans avec possibilité de réévaluation si des éléments nouveaux interviennent entre-temps.

Cinquième point. Le comité de pilotage (organisme normalisateur) réexamine et contrôle la mise à jour des fiches de postes et des référentiels afin de normaliser l'ensemble de la démarche sur l'ensemble des services et secteurs de la structure.

Sixième point. Le comité de pilotage (organisme normalisateur) est saisi officiellement de toutes démarches ou modifications ayant trait à un changement dans la carrière de l'individu en terme de formation et de qualification.

La validation des acquis à transversalité professionnelle n'a pas la même teneur que dans une profession donnée, déjà repérée, avec un référentiel connu, ce qui oblige à faire intervenir des membres de la hiérarchie, à des niveaux différents, avec des qualifications différentes. Autant dans le système de validation des acquis professionnels que nous connaissons, il est facile d'avoir des évaluateurs issus d'un métier référencé dans la nomenclature des métiers, autant il nous est impossible de procéder exactement de la même façon. La question est évidemment : pourquoi ? La réponse s'organise autour de la conception même de la polyvalence professionnelle et de la multipolarité professionnelle.

Dans notre démarche, nous ne cherchons pas à faire reconnaître des niveaux pour l'obtention de diplômes, (ce qui n'empêche en rien de le faire). Nous sommes purement en interne. Chaque individu développe dans sa structure des situations de multipolarité professionnelle ; il va être un cas unique répondant à un besoin spécifique. On ne peut donc, en aucune manière, changer cet état de fait pour en faire un dénominateur commun à tous les types de situations rencontrées. Nous cherchons, en réalité, à régler une question spécifique à chaque individu dans sa structure. La démarche proposée nous permet de faire face à l'ensemble des situations rencontrées mais étudiées une par une et non pas dans leur ensemble.

L'environnement des entreprises à métier égal

Un comptable avec un excellent niveau en informatique réseau de l'entreprise A n'aura pas forcément les mêmes compétences que son homologue avec le même niveau de compétence dans l'entreprise B. L'environnement sera différent, le besoin différent, la mise en œuvre des compétences liées à des composantes différentes. On ne pourra donc comparer ces deux individus même s'ils semblent en tous points identiques.

Valider des acquis à « transversalité » professionnelle suppose donc que la situation de chaque individu va être évaluée en fonction de ce dont on aura besoin. Notre but principal est de montrer le moyen le plus approprié pour faire reconnaître des différences et non pas pour faire des comparaisons.

7

RECOMPOSITION DU MANAGEMENT
DES HOMMES ET DES ORGANISATIONS

Les individus peuvent contribuer, à partir de leur position professionnelle et hiérarchique, aux orientations globales de la structure, en agissant sur les conditions d'exercice de leurs activités quotidiennes, elles-mêmes reliées aux enjeux stratégiques. La polyvalence, dans le plan stratégique d'ensemble, se place au niveau de la tâche que l'individu doit accomplir, du but poursuivi en interaction avec l'ensemble de la hiérarchie de la structure. Cette interaction renvoie aux stratégies d'action de l'individu qui met en œuvre une stratégie personnelle. La stratégie de la structure et la stratégie personnelle sont en étroite relation, au point qu'elles ne peuvent être dissociées.

La compréhension des enjeux, avec tout ce que cela suppose en termes de risques, renvoie aux compétences permettant de se situer dans les réseaux de communication entre les salariés et les managers. Cette forme d'intersubjectivité caractérisée par la confrontation et l'accord permanent rend toute interprétation bipolaire et complémentaire. L'action et les compétences ont pour fonction de rendre la communication efficace entre salariés et managers et constituent l'enchevêtrement des stratégies choisies. La communication engendre, à son tour, la nécessité d'une vision commune de la requalification. Elle comprend le contexte professionnel dans lequel se trouve l'individu ; l'individu en tant que maître de ses actions, et ce, dans une phase de stratégie qui exige de poser les questions en termes de complexité : celle des contextes, et celle des compétences.

Inscrite dans le cadre de la démarche stratégique globale, en même temps que dans le projet de développement des ressources humaines, la polyvalence pourrait se définir, en quelque sorte, comme l'énergie vitale de la politique sociale de la structure. La vision future d'un grand dessein ne peut se traduire dans la réalité qu'avec l'adhésion d'une très grande majorité du personnel. En effet, le personnel qui assure en grande partie le développement de la structure, est et reste, le principal facteur de réussite des mutations à venir. Ces mutations doivent permettre à la structure et à son personnel d'assurer toutes les missions leur incombant, en privilégiant la qualité et la sécurité des conditions de travail. Cette nouvelle étape de mutation dans les modes de gestion des ressources humaines, pour être comprise et partagée, suppose l'élaboration d'un processus de gestion plus transparent et compréhensible par tous les individus.

L'exercice professionnel doit se pratiquer dans le cadre réglementaire, fournissant à chacun les garanties quant à l'engagement de sa propre responsabilité. En matière de polyvalence professionnelle, dans une logique d'entretien et de développement des ressources humaines, seule la dimension anticipative de la gestion devient fondamentale. Anticiper, c'est être en avance sur l'événement pour en prévenir et en réduire les conséquences non voulues. En règle générale, l'évolution des métiers se fait dans la continuité des savoir-faire antérieurs, l'élévation des compétences se fonde sur l'expérience des fonctions déjà maîtrisées, enfin et surtout, grâce à la motivation des personnels à progresser. D'où une responsabilité d'échanges et un enrichissement réciproque de tous.

> À terme, la structure devient un milieu éducatif. Objectif : traduire cette ambition dans les modes et outils de gestion, dans les pratiques professionnelles au quotidien.

À terme, la structure devient un milieu éducatif. L'objectif consiste à traduire cette ambition dans les modes et outils de gestion, dans les pratiques professionnelles au quotidien, qu'il s'agisse d'informations, de délégations, de démarches d'implication et, bien sûr, de formation. La polyvalence professionnelle est un ensemble de systèmes d'organisation du travail. Il doit accompagner les formulations des options de réflexion générale à but stratégique et préparer l'allocation des ressources qui permettront à la structure d'adapter ses activités aux besoins du marché, compte tenu des progrès technologiques et des ressources humaines. Sauf à rêver de la structure idéale, ces choix stratégiques dépendent pour partie des ressources humaines disponibles. En effet, il ne peut être fait abstraction de l'évolution démographique des individus, de l'état des compétences et des qualifications existantes. Dès lors, il importe d'intégrer ces données au niveau des choix politiques, organisationnels et technologiques. Toutefois, l'analyse globale ne paraît possible, dans le cadre de la structure, que par des approches séquentielles. Il s'agit donc, à partir des compétences à l'heure actuelle maîtrisées, de produire les compétences nécessaires pour accompagner l'évolution des différentes professions de la structure, secteur par secteur, et non pas de décréter la polyvalence professionnelle applicable uniformément à toute la structure même si ceci s'avère souvent exact.

LES PRÉALABLES D'UNE RECOMPOSITION MAÎTRISÉE, PROGRESSIVE ET SÉQUENTIELLE

La mise en œuvre de l'anticipation stratégique, donc de la recomposition globale du management des hommes et des organisations, avec le budget correspondant, doit permettre de déterminer les emplois et les compétences à développer par une méthode adéquate. C'est ce que nous avons vu avec la multipolarité professionnelle. Il est *indispensable* de connaître et maîtriser cette méthode pour être en phase concrète avec les objectifs que l'on se fixe, au risque de passer à côté de la plus simple solution de polyvalence professionnelle élargie dont on a besoin. Rappelons que toute démarche stratégique ne doit pas rester seulement au niveau du discours ou des promesses, mais doit mettre en œuvre un système concret pour aboutir à des résultats réels.

LA CONSTITUTION D'UNE FORCE DE TRAVAIL PARALLÈLE

Dans toute stratégie, l'examen des forces et faiblesses nécessite de faire un inventaire complet pour connaître exactement de quelles ressources on dispose et d'en assurer un recueil d'information mis à jour périodiquement. Lorsque, par exemple, une entreprise procède à ce type d'inventaire, elle commence à évaluer son capital physique et technique, financier mais aussi humain. Elle essaie de déterminer, au mieux en fonction de ses troupes, quels seront les moyens de réactivité dont elle dispose par rapport à une attaque de marché. L'ensemble des métiers référencés dans la nomenclature des métiers représente une force d'intervention sur la ligne de production tout à fait remarquable. Cependant, si la polyvalence professionnelle existe, c'est qu'elle correspond à un besoin que la spécialisation n'arrive pas parfaitement à combler. La spécialisation incarnée dans la nomenclature des métiers représente une force régulière et stable à l'image d'une armée, avec des divisions classiques, alors que la polyvalence serait plutôt la représentation de forces spéciales formées et prêtes à intervenir pour des opérations complexes, faisant intervenir un individu sur des métiers différents.

La polyvalence, en matière de stratégie, constitue donc une force parallèle d'autant plus efficace qu'elle se situe au cœur des ressources humaines de la structure. La réflexion est double : il s'agit d'avoir des individus formés à partir au moins d'un métier de base, et de les aider à se positionner à différents endroits de la ligne de production en fonction des besoins. C'est donc à ce stade que nous voulons porter notre attention. La stratégie organisationnelle de toute structure s'opère à partir d'une hiérarchie et des moyens correspondants aux buts fixés. Or, dans la polyvalence professionnelle, on peut faire exactement l'inverse, c'est-à-dire réagir parce que l'on s'est donné les moyens d'être réactifs. Pendant longtemps, la polyvalence professionnelle a été considérée comme un élément exceptionnel, n'intervenant que très partiellement dans l'ensemble du processus de production. On ne l'utilisait que pour rendre service afin de pallier quelques inconvénients mineurs. La polyvalence professionnelle était cantonnée à des sujets, questions ou problèmes mineurs. Nous avons vu précédemment les raisons qui l'expliquent.

De nos jours, la polyvalence professionnelle devient un moyen supplémentaire dans l'organisation du travail, elle a dépassé le stade de l'expérimental ou du bricolage pour être partie intégrante de l'ensemble de l'organisation de la structure. À l'heure actuelle, on ne peut plus considérer la polyvalence professionnelle comme une originalité mais comme une force parallèle en ressources humaines, avec un impact stratégique important. L'effet marginal peut se traduire par un effet de levier qui va décupler la force de travail et apporter ainsi les solutions à de nombreux problèmes futurs. Nous avons vu que, sur le marché du travail, de nombreuses offres d'emploi font référence à la polyvalence professionnelle, ce qui prouve le réel intérêt que de nombreux chefs d'entreprises et managers de structures publiques ou privées lui accordent. Par ces constatations on peut dire que la polyvalence professionnelle a acquis force et vigueur, constituant ainsi un moyen supplémentaire dans l'organisation.

■ Les avantages de la polyvalence pour la structure et le salarié

Un certain nombre de faits positifs ne sont pas à négliger pour des structures ayant intelligemment mis en place un système de polyvalence : la réduction d'effectifs à la limite des besoins, la capacité d'adaptation et même d'évolution de la main-d'œuvre, la flexibilité du travail, la notion de collectif de travail, une plus grande homogénéité des qualifications, des capacités de coopération renforcées, une mobilisation psychologique du personnel, un meilleur climat social, une plus grande collaboration entre les différents niveaux hiérarchiques, une autre vision managériale, une possibilité de délégation de pouvoirs, un rééquilibrage des rémunérations, la détection de potentiels humains, la mesure de la limite de production, la découverte de réactions et de situations inattendues, l'optimisation du capital technique, la facilitation de l'aménagement et de la réduction du temps de travail, une meilleure rentabilité de l'espace, une remise en cause de la parcellisation des tâches, des possibilités de promotions professionnelles, des possibilités d'adaptation sur de nouveaux process industriels, une plus grande réactivité, une plus forte inventivité et créativité, une meilleure organisation du plan de formation à court, moyen et long terme. Cette liste non exhaustive, peut apparaître comme un panégyrique pour la polyvalence qui serait opérationnelle au sein d'une entreprise. Loin de représenter une solution à tous les problèmes de flexibilité de production, la polyvalence présente de nombreux points positifs pour un assouplissement des relations dans le travail.

■ Les points négatifs de la polyvalence

> **La polyvalence mal équilibrée peut provoquer une augmentation trop grande de la complexité de la tâche.**

Une polyvalence mal équilibrée peut provoquer une augmentation trop grande de la complexité de la tâche, donc de la fatigue, de l'anxiété, la perte de la maîtrise du travail, voire des erreurs graves. La polyvalence banalisée peut s'accompagner d'une déresponsabilisation, d'une démobilisation du personnel. Des attitudes de rejet peuvent se constater chez certains travailleurs qui n'y voient pas de véritables contreparties, en particulier financières. Pour certains salariés et même parfois pour la structure, la polyvalence peut changer des activités routinières mises au point après de longs efforts d'adaptation, sachant que la routine est aussi l'expression de la rationalisation des tâches répétitives avec des résultats satisfaisants.

La véritable polyvalence entraîne des efforts de mémorisation, des efforts liés à une adaptation rapide sur des situations qui peuvent se révéler être trop exceptionnelles pour être comprises et acceptées, des efforts plus intenses liés à des formations trop lourdes et difficilement supportées par leurs bénéficiaires. Dans la polyvalence, on assiste également à des tâches beaucoup trop répétitives, qui ne sont que l'addition d'autres tâches de même nature et ce, uniquement dans un souci de rentabilité. Additionner des tâches non valorisantes, n'élevant pas le niveau de qualification fait l'objet d'un rejet systématique. Une polyvalence qui aurait pour conséquence de déqualifier le salarié, en le destituant progressivement de sa spécialisation, c'est-à-dire de son métier de base, n'aurait pour conséquence que de parfaire le rejet de la polyvalence. Elle porterait atteinte à l'identité professionnelle du salarié.

Ne mésestimons pas la force d'inertie et les résistances au changement car la polyvalence, avec son caractère novateur dans le système de production, peut fortement déranger et remettre en question des notions d'organisation et de rigidité qui ont fait leurs preuves et, incontestablement, ont produit des effets positifs. Si la polyvalence apparaît comme un plus, on dit bien que le mieux est l'ennemi du bien, à vouloir en faire trop on risque de perturber un système qui fonctionnait jusque-là. La polyvalence peut apparaître aussi comme une nouvelle forme de parcellisation des savoirs ; n'oublions pas que la spécialisation reste la référence sur le marché du travail ; tout système qui pourrait contrecarrer cette logique serait mal vécu, d'autant plus s'il est jugé comme non progressiste.

8

POLYVALENCE : STATUT PARTICULIER OU STATUT OFFICIEL

DE LA NÉCESSITÉ À LA RÉCOMPENSE

Prémices de la reconnaissance de la polyvalence par la multipolarité professionnelle

Si le marché est susceptible d'être porteur ou demandeur d'individus polyvalents c'est que le besoin existe aussi bien chez les employeurs que chez de nombreux individus. Le marché peut donc se transformer en vitrine de la polyvalence, en l'habilitant par la reconnaissance. Les hiérarchies professionnelles de la structure sont fortement marquées par la possession présupposée d'un savoir technique engendrant des grades fonctionnels qui fondent l'échelle des valeurs de ces hiérarchies. Aujourd'hui, le problème rencontré par cette institutionnalisation de savoir technique concrétisé par le métier est bien la volonté de reconnaissance de la multipolarité professionnelle dans le cadre général professionnel.

▶ Le rôle d'une profession est de garantir la compétence de ses membres.

Le rôle d'une profession est de garantir la compétence de ses membres. La gradation des valeurs professionnelles, représentée par la hiérarchie, constitue un monopole d'accès à une partie du savoir, donc d'accession à d'autres types de postes. En entrant dans un système global permettant de la rendre en partie indépendante du pouvoir, au nom de l'intérêt général, on modifie amplement l'idée de concrétisation par des résultats fiables prouvés, permettant toute possibilité de reconnaissance officielle. En réalité, si les résultats sont probants, il n'y a aucun obstacle à faire reconnaître la polyvalence professionnelle dans les formes les plus avancées telles que la multipolarité professionnelle. La connaissance acquise, les aptitudes entraînées sont fonction de capacités générales qu'apporte l'individu, dès qu'il débute dans son emploi, aussi bien que des méthodes parfois personnelles mises en œuvre au cours de son apprentissage. L'individu transfère donc à son emploi un accroissement du niveau général des connaissances ou de l'habileté et des améliorations, le transformant en apprentissage permanent. C'est, en réalité, l'individu qui façonne son emploi et non l'inverse car l'emploi est une base théorique qui doit être élaborée et testée sur le terrain. Le temps de formation professionnelle en externe peut être réduit et élargir le nombre de personnes susceptibles de profiter de cette éducation permanente capitalisée. Ainsi, la part individuelle du travail, incarnée dans l'ensemble des aptitudes à agir face à l'imprévisibilité des situations de travail, vient en corrélation avec la part prescrite du travail. Les expériences de multipolarité professionnelle permettent de mettre en évidence les situations suivantes.

Situations antérieures et actuelles des salariés et de la structure

■ *Situations antérieures et actuelles des salariés*

- Salariés manifestement sous-employés en terme de compétences : de nombreuses qualités personnelles n'étaient pas exploitables sur leur terrain d'activité habituel. Un état de multipolarité professionnelle approprié à chaque service a été mis en place. Théoriquement, tout salarié avec un métier issu de la nomenclature, et de par sa formation, est adaptable dans tous les services ; dans la réalité cela s'avère inexact.
- Salariés plus aptes à intervenir simultanément dans plusieurs services car leur mode de fonctionnement personnel était plus proche de la polyvalence que de la spécialisation à outrance.
- Salariés mal perçus par leurs camarades de travail car la polyvalence est source d'ambiguïté ; la situation a évolué vers un véritable statut de « polyvalent » dans plusieurs métiers et services avec de réelles compétences transversales, avec une réelle prise en compte de cette « particularité » et non plus un état de « bouche-trou ».
- Salariés considérés comme des freins car trop rigides à de nouvelles formes d'organisation du travail, notamment pour un réaménagement du temps de travail. La solution a pu être trouvée par l'acquisition de nouvelles qualifications, notamment en informatique et communication, réduisant ainsi les échanges administratifs en temps et en quantité.
- Salariés en manque de reconnaissance de qualifications personnelles

qui pouvaient être exploitables par la structure mais considérées comme marginales car non utilisées dans le quotidien (exemple : maîtrise de langues étrangères).
- Salariés mal informés sur les futurs postes avec leurs spécificités. Ceci a conduit à établir une carte des futurs emplois avec accessibilité à l'information.
- Certains salariés n'étaient pas du tout à leur place : la formation a été préconisée pour les remettre à niveau ou simplement organiser des transferts intelligents qui ont amené des situations plus appropriées : « le pire pour les uns peut être le meilleur pour les autres ».
- Salariés enfermés dans la vision de leur poste de travail, pensant qu'il était difficile. Il s'est avéré que, à la lecture des autres fiches de postes, des prises de conscience ont révélé une meilleure appréciation du poste occupé.

■ *Situations antérieures et actuelles de la structure*

- Situations considérées comme irrémédiables car justifiées par le passé et la coutume. L'exemple le plus criant a été l'organisation d'un service technique dont l'organigramme était inchangé depuis des décennies. Il a évolué vers une plus grande maîtrise des profils d'emplois à pourvoir en incluant d'autres types d'emplois et de qualifications.
- Situations méconnues car elles n'avaient jamais fait l'objet d'un inventaire précis ; de nombreux « doublons » en terme d'activité ont été mis en évidence, qui se sont révélés positifs (polyvalence) ou négatifs (redondance).
- Situations ignorées car elles n'avaient jamais été évoquées en tant que telles. On s'est donc aperçu que la structure disposait d'un riche « capital humain » inexploité, en ce sens que de nombreux individus avaient des compétences, capacités, qualifications qui pouvaient être mises à profit pour de nouvelles missions ou activités.
- Situations sans précédent ; c'était la première fois que le personnel participait réellement à la construction de son avenir professionnel. Un tel niveau de collaboration et de transparence n'avait jamais encore été atteint.
- Situations paradoxales : d'un côté, des individus aptes à intervenir ; de l'autre, une structure en recherche d'individus aptes à intervenir. Cette méthode a permis que des points de rencontre apparaissent pour des développements intéressants de part et d'autre.
- Situations souhaitables, on était systématiquement en recherche d'équipes volantes pour remédier à des situations d'urgence ou exceptionnelles. La méthode a permis de dégager des potentialités

d'individus susceptibles d'agir dans ces cas particuliers et de mettre en place un barème de compensation salariale.

– Situations non reconnues : la validation et la certification ont été le décollage après toutes les étapes précédentes liées aux études : passage des observations, analyses et résultats, à l'aspect « officiel ». Les projets qui restaient à l'état confidentiel ou qui étaient rapidement abandonnés n'avaient plus lieu d'être. Une dimension supérieure, une homologation et une authentification qui avait été souhaitées dès le départ, a pu être atteinte.

DE LA RÉCOMPENSE À LA RECONNAISSANCE OFFICIELLE – ÉTAPE 8 : CERTIFICATION DE LA DÉMARCHE

La validation est une procédure interne, basée sur des évaluations internes, ce qui n'empêche pas de faire appel à des organismes extérieurs pour valider des acquis, faire reconnaître des niveaux de compétences ou établir des attestations.

De façon similaire à l'évaluation et la validation, la certification est une procédure interne à la structure. Elle n'en constitue pas moins une étape supplémentaire en authentifiant la démarche de la multipolarité professionnelle, lui conférant ainsi un caractère « officiel » qui dépasse le simple stade de l'expérimentation ou des multiples projets à jamais enterrés. La certification renvoie à la vision de la durée, abandonne l'éphémère, pour l'acceptation et la reconnaissance.

> La certification renvoie à la vision de la durée, abandonne l'éphémère, pour l'acceptation et la reconnaissance.

Dans le cadre des hôpitaux, la procédure d'accréditation [1] introduite au sein du système français par l'ordonnance n° 96.346 du 24 avril 1996, portant réforme hospitalière et précisée par le décret n° 97.311 du 7 avril 1997 est ainsi définie : l'accréditation est une procédure d'évaluation externe du fonctionnement et des pratiques des établissements de santé privés et publics, assurée par des professionnels des établissements de santé, indépendante des établissements et de leurs organismes de tutelle. Elle vise à s'assurer que les établissements développent une démarche continue de la qualité et de la sécurité des soins délivrés aux patients. Dans la procédure d'accréditation, un des référentiels est en partie consacré à la gestion des ressources humaines, intitulé « Référence 4 – La politique de gestion prévisionnelle des ressources

---

1. Définition donnée par l'ANAES (Agence nationale d'accréditation et d'évaluation en santé).

humaines, l'adaptation des ressources humaines aux évolutions de l'établissement ». Sans pour autant parler de procédure de certification officielle, on peut exprimer le souhait d'intégrer la démarche de multipolarité professionnelle au sein d'une gestion des ressources humaines par le biais de la gestion prévisionnelle des ressources humaines.

Dans une entreprise, la certification peut dépasser le caractère de la validation ; il serait très souhaitable que des individus, répondant aux critères de la multipolarité professionnelle, donc qui dépassent largement les critères traditionnels de la polyvalence professionnelle, puissent avoir un niveau de reconnaissance « officiel », comblant ainsi les lacunes des conventions collectives dans ce domaine.

ANNEXES

Monsieur X
avec Métier A
Agent du Secteur 1

Étape 2

« ÉVALUATION DES COMPÉTENCES PROFESSIONNELLES (tableau synthétique – liste non exhaustive) »

(Année N)

ÉLÉMENTS À ÉVALUER	SECTEUR 1	
	« Évaluation de l'année N pour Monsieur X, agent » Colonne 1	« Niveau requis pour Monsieur X, en année N » Colonne 2
1) Missions spécifiques		
– Fonctions de base (technicité)	3	3
– Information	2	2
– Relations humaines – Communications	1	2*
– Gestion – Contribution économique	1	1
2) Capacités		
– Capacités intellectuelles et psychiques	2	2
– Capacités pédagogiques	1	2*
– Capacités physiques	2	2

* Écart à analyser.

Monsieur X
avec Métier A
Agent du Secteur 1

Étape 3

« ÉVALUATION DES CONNAISSANCES D'AUTRES SECTEURS (tableau synthétique – liste non exhaustive) »

(Année N)

ÉLÉMENTS À ÉVALUER	« Niveau requis pour un agent de la catégorie de Monsieur X »	SECTEUR 2			SECTEUR 3	
		« Auto-évaluation par Monsieur X Agent du Secteur 1 »	« Réajustement par les Responsables des Secteurs 1 et 2 »	« Niveau requis pour un agent classé dans la catégorie de Monsieur X »	« Auto-évaluation par Monsieur X Agent du Secteur 1 »	« Réajustement par les Responsables des Secteurs 1 et 3 »
	Colonne 1	Colonne 2	Colonne 3	Colonne 4	Colonne 5	Colonne 6
1) Missions spécifiques						
– Fonctions de base (technicité)	3	3	3	2	1	2*
– Information	2	2	2	2	2	2
– Relations humaines, Communication	3	3	1*	2	2	2
– Gestion, Contribution économique	2	3	1*	3	1	1*
2) Capacités						
– Capacités intellectuelles et phychiques	2	2	2	3	3	3
– Capacités pédagogiques	3	2	1*	0	1	1*
– Capacités physiques	2	2	2	3	3	3

* Écart à analyser.

Monsieur X
Agent du Secteur 1

Étape 4

« ÉVALUATION DES COMPÉTENCES PROFESSIONNELLES SUR D'AUTRES MÉTIERS (tableau synthétique – liste non exhaustive) »

(Année N)

ÉLÉMENTS À ÉVALUER	Métier B		Métier C		Métier D	
	Autoévaluation	Évaluation	Autoévaluation	Évaluation	Autoévaluation	Évaluation
1) Missions spécifiques						
– Fonctions de base (technicité)	1	1	2	1*	2	Non effectuée
– Information	0	0	0	0	1	Non effectuée
– Relations humaines – Communications	1	1	2	0*	2	Non effectuée
– Gestion – Contribution économique	1	0*	2	2	0	Non effectuée
2) Capacités						
– Capacités intellectuelles et psychiques	2	2	1	1	2	Non effectuée
– Capacités pédagogiques	0	0	0	0	2	Non effectuée
– Capacités physiques	3	3	2	2	2	Non effectuée

* Ecart à analyser.

Monsieur X
Agent du Secteur 1

Étape 5

« ÉVALUATION DES QUALIFICATIONS PERSONNELLES À BUT PROFESSIONNEL (tableau synthétique – liste non exhaustive) »

(Année N)

ÉLÉMENTS À ÉVALUER*	SECTEUR 1	
	Autoévaluation	Évaluation
	Colonne 1	Colonne 2
– Langue étrangère	3	3
– Pays et culture étrangères	3	Non effectuée
– Lettres et arts	2	Non effectuée
– Informatique	1	1
– Techniques	1	Non effectuée
– Sciences	2	2
– Sport	0	0
– etc.	0	0

* Tous les éléments à évaluer ne sont que des exemples dont le contenu de ces secteurs sera décliné en plusieurs items. Ex. Langue étrangère : notions, lu, écrit, parlé, parfaitement bilingue.

Monsieur X
Agent du Secteur 1

Étape 6

« ÉVALUATION DES COMPÉTENCES PROFESSIONNELLES SUR D'AUTRES MÉTIERS (tableau synthétique – liste non exhaustive) »

(Année N)

ÉLÉMENTS À ÉVALUER	Niveau requis pour un Agent avec Métier A					
	Secteur 1	Tendance	Secteur 2	Tendance	Secteur 3	Tendance
1) Missions spécifiques						
– Fonctions de base (technicité)	2	↗	4	↖	3	↑
– Information	3	↖	1	↗	4	
– Relations humaines – Communications	3	↖	3	↑	2	↑
– Gestion – Contribution économique	0	↗	3	↖	0	↗
2) Capacités						
– Capacités intellectuelles et psychiques	2	↑	3	↖	3	↖
– Capacités pédagogiques	3	↖	4	↖	2	↑
– Capacités physiques	2	↑	2	↑	3	↑

Madame AD ÉTAPE 3

AGENT ADMINISTRATIF

	Cotation requise	Auto-évaluation
Technicité		
Posséder une connaissance générale de la structure	3	3
Analyser et mettre en œuvre la réglementation du secteur	4	4
Adapter les méthodes de travail	4	4
Suivre l'exécution du budget	4	3*
Information		
Transmettre les informations nécessaires aux services	3	3
Mettre à jour les informations sur les différents systèmes informatiques	3	3
Analyser et présenter les états statistiques	3	3
Communication/relation		
Se mettre en liaison permanente et suivie avec tous les secteurs	4	4
Être en contact avec les fournisseurs et prestataires extérieurs	2	2
Contribution économique		
Diminuer le temps de traitement des informations	4	4
Surveiller les dépenses budgétaires	4	3*
Capacités physiques		
Dynamisme	2	2
Manutention	1	1
Travailler la semaine en horaire continu (week-end et jours fériés, repos)	3	3
Capacités intellectuelles		
Connaître la réglementation	3	3
Diplomatie	3	3
Caractère affirmé	1	1
Adaptabilité aux nouvelles méthodes administratives	3	3
Organiser et planifier son temps de travail	2	2
Travailler en équipe	3	3
Capacités pédagogiques		
Expliquer différents éléments techniques aux responsables concernés	3	3

* Écarts et analyse générale

Madame AD a manifestement des facilités pour travailler dans plusieurs services ou secteurs de la structure car elle peut changer facilement de secteur sans modifier considérablement le contenu de son travail. Son principal point faible est le suivi budgétaire. Il n'y a donc aucun obstacle particulier à ce qu'elle intervienne sur plusieurs postes administratifs dans la mesure où elle est volontaire pour le faire.

De formation plus administrative et secrétariat que comptable, il serait souhaitable qu'elle puisse suivre une formation en gestion budgétaire pour l'aider à être plus à l'aise dans les postes qu'elle peut occuper dans différents secteurs de la structure grâce à un système de polyvalence professionnelle sur la rotation de postes. On peut signaler également que la rotation de postes pourrait l'aider, avec l'appui de sa hiérarchie, à trouver un poste plus orienté vers l'administratif et l'accueil, avec peu ou pas de responsabilités en matière budgétaire.

Monsieur INF   ÉTAPE 4

INFORMATICIEN - BUREAUTIQUE

	Cotation requise	Auto-évaluation
Technicité		
Posséder une connaissance générale de la structure	4	5*
Analyser et mettre en œuvre les logiciels d'application	4	4
Adapter les méthodes de travail	4	4
Faire évoluer les systèmes informatiques installés	4	4
Information		
Transmettre les informations nécessaires aux services	3	3
Mettre à jour les informations sur les différents systèmes informatiques	3	3
Analyser et présenter les nouveaux logiciels	2	2
Communication/relation		
Se mettre en liaison permanente et suivie avec tous les secteurs	2	2
Être en contact avec les fournisseurs et prestataires extérieurs	2	2
Contribution économique		
Diminuer le temps de traitement des informations	4	4
Surveiller les dépenses budgétaires	4	6*
Capacités physiques		
Dynamisme	3	3
Manutention	2	2
Travailler la semaine en horaire continu (week-end et jours fériés, repos)	1	1
Capacités intellectuelles		
Connaître la réglementation	3	3
Diplomatie	2	2
Caractère affirmé	1	1
Adaptabilité aux nouvelles méthodes administratives	2	2
Organiser et planifier son temps de travail	2	2
Travailler en équipe	1	1
Capacités pédagogiques		
Expliquer différents éléments techniques aux responsables concernés	2	2

* Écarts et analyse générale

Monsieur INF a manifestement des connaissances en informatique bureautique lui permettant de s'adapter facilement à ce poste. Monsieur D possède un excellent niveau en matière de suivi budgétaire avec une autoévaluation notée 6 (expertise) que l'on peut faire vérifier. Manifestement, monsieur D connaît le métier de contrôleur de gestion, ce qui peut se traduire par la décharge de certains travaux d'informatique (on constate que l'analyse et la présentation de nouveaux logiciels ne sont pas son point fort), et par lui confier des travaux d'informatique de gestion.

Le point positif est d'avoir ainsi un cadre informaticien polyvalent en lien avec le service comptabilité gestion.

Monsieur MAS   ÉTAPE 5

MASSEUR KINÉSITHERAPEUTE

	Cotation requise	Auto-évaluation
Technicité		
Pratiquer une rééducation générale dans les différents services	4	4
Pratiquer une rééducation spécialisée	4	4
Réaliser et formaliser un bilan diagnostic kinésithérapie	4	4
Entreprendre une action technique de rééducation	4	4
Information		
Transmettre les informations nécessaires au corps médical	4	4
Transmettre les informations nécessaires au patient	3	3
Communication/relation		
Rassurer et sécuriser le patient durant les applications	4	4
Être en relation avec les médecins, l'équipe soignante et les secrétaires	2	2
Saisir les actes effectués sur logiciels spécifiques	2	2
Contribution économique		
Contribuer à diminuer la durée moyenne de séjour en hôpital	4	4
S'intégrer au système de soins en l'allégeant	3	3
Capacites physiques		
Dynamisme	3	3
Manutention	3	3
Travailler la semaine en horaire continu (week-end et jours fériés, repos)	3	3
Capacités intellectuelles		
Connaître le système musculaire, osseux, etc.	3	3
Diplomatie	2	2
Caractère affirmé	1	1
Adaptabilité aux nouvelles pathologies	2	2
Organiser et planifier son temps de travail	2	2
Travailler en équipe	2	2
Donner des cours aux étudiants	3	3
Qualifications		
Connaissance de la langue anglaise	0	3*

* Écarts et analyse générale

Monsieur MAS signale qu'il possède un excellent niveau en anglais, ce que la structure ignore, d'autant plus qu'elle ne requiert pas la maîtrise de l'anglais pour ce poste. Par cette affirmation, monsieur MAS signale à la structure qu'il a un excellent niveau d'anglais qui peut être vérifié et qu'il est susceptible de traiter des patients d'origine étrangère parlant anglais, et compte tenu de son excellent niveau, de rendre des services ponctuels en anglais dans d'autres fonctions que celle de masseur kinésithérapeute.

Monsieur PL   ÉTAPE 6

PLOMBIER

	Cotation requise	Auto-évaluation
Technicité		
Assurer la maintenance, l'entretien du parc sanitaire	4	stable
Reconditionner les anciennes installations	4	baisse
Vérifier les données physiques de distribution de réseau	4	baisse
Maîtriser les différents réseaux d'eau	4	baisse
Maîtriser les différents réseaux de gaz	4	**hausse**
Information		
Transmettre les informations nécessaires aux services	3	stable
Mettre à jour les informations techniques	3	**hausse**
Analyser et présenter les nouveaux appareillages	2	**hausse**
Communication/relation		
Se mettre en liaison permanente et suivie avec tous les secteurs	2	stable
Être en contact avec les fournisseurs et prestataires extérieurs	2	**hausse**
Contribution économique		
Rechercher toutes solutions innovantes pour éviter le gaspillage	4	**hausse**
Capacités physiques		
Dynamisme	3	stable
Manutention	3	stable
Travailler la semaine en horaire continu (week-end et jours fériés, repos)	3	stable
Capacités intellectuelles		
Connaître la réglementation	3	**hausse**
Diplomatie	2	stable
Caractère affirmé	1	**hausse**
Adaptabilité aux nouvelles méthodes administratives	1	**hausse**
Organiser et planifier son temps de travail	2	stable
Travailler en équipe	1	stable
Capacités pédagogiques		
Expliquer différents éléments techniques aux responsables concernés	2	**hausse**

* Écarts et analyse générale

Monsieur PL (plombier) va certainement voir son poste fortement évoluer au cours des prochaines années en terme de technicité, donc de complexité. Le métier traditionnel de plombier est en train de se transformer pour intégrer d'autres techniques telles que l'électricité, l'électronique, la mécanique des fluides.

Il est donc urgent que monsieur PL puisse rapidement suivre une formation lourde afin que son poste puisse évoluer favorablement vers les besoins futurs de la structure mais aussi dans le but d'évoluer lui-même vers un meilleur poste.

BIBLIOGRAPHIE

BERNIER C., *La polyvalence des emplois : nouvelle tendance de l'organisation du travail*, Institut de recherche appliquée sur le travail, 1982.

BESSEYRE DES HORTS, *Vers une gestion stratégique des ressources humaines*, Paris Éditions d'Organisation, 1988.

DADOY M, *La polyvalence et l'analyse du travail, les analyses du travail, enjeux et formes*, CEREQ, coll. « Études », n° 54.

DANY F., LIVIAN Y.-F., *La gestion des cadres. Pratiques actuelles et pistes d'évolution*, Paris, Vuibert, 1995.

DE TERSAC, *La polyvalence redéfinie par les intéressés*, CEREQ, coll. « Études », n° 54.

EGG G, *Audit des emplois et gestion prévisionnelle des ressources humaines*, Paris, Éditions d'Organisation, 1987.

GAUDART C., WEILL-FASSINA A., « L'évolution des compétences au cours de la vie professionnelle, une approche ergonomique » in *Formation-Emploi, Revue du CEREQ*, n° 67, 1999.

HUBAULT F, *Production flexible et travail polyvalent*, CEREQ, coll. « Études », n° 54.

IGALENS J., *Audit des ressources humaines*, Paris, Éditions Liaisons, 1994.

LE BOTERF G., *Construire les compétences individuelles et collectives*, Paris, Éditions d'Organisation, 2000.

IRIBARNE (D') A., *La compétitivité, défi social, enjeu éductif*, Paris, Éd. du CNRS, 1989.

KERJEAN A., *Les nouveaux comportements dans l'entreprise*, Paris, Editions d'Organisation, 2000.

LÉVY-LEBOYER C., *La gestion des compétences*, Paris, Éditions d'Organisation, 2000.

LIVIAN Y.-F., *Organisation, théories et pratiques*, Paris, Dunod, 1999.

LORINO P., *Comptes et récits de la performance*, Paris, Editions d'Organisation, 1995.

MAHE DE BOISLANDELLE H., *Gestion des ressources humaines dans les PME*, Paris, Economica, 1988.

MANDON N., *Emploi type étudié dans sa dynamique*, Éditions du CEREQ, 1988.

MADELIN P., THIERRY D., « Organisations qualifiantes, quelle définition et quelles méthodes d'évaluation ? », in *Éducation permanente*, n° 112, 1992.

MASLOW A., *A theory of human motivation in Psychological review*, n° 50, 1943.

MATHIS L., *Gestion prévisionnelle et valorisation des ressources h·..naines*, Éditions d'Organisation, coll. « Personnel/ANDCP », 1982.

MINTZBERG H., *Le pouvoir dans les organisations*, Paris, Editions d'Organisation, 1986.

MORIN H., ANGER M., COURTIN C., « De la polyvalence à la multicompétence », in *Séminaire annuel du département Ergonomie et écologie humaine*, université Paris-I, 1991.

PERETTI J.-M., *Ressources humaines*, Paris, Vuibert, 1990.

PIGEYRE F., *La compétence : un nouvel outil pour la gestion de l'emploi*, 5ᵉ Congrès AGRH, 1994.

RAOULT, *Gestion prévisionnelle des emplois et compétences en milieu hospitalier*, Paris, L'Harmattan, 1991.

RIBOUD A., *Modernisation, mode d'emploi. Rapport au Premier ministre*, Paris, Gallimard, coll. « 10/18 », 1987.

ROGERS C., *Le développement de la personne*, Paris, Dunod, 1966.

SAINSAULIEU R., *Sociologie de l'organisation et de l'entreprise*, Paris, Presses nationales de sciences-po, 1987.

SCHWARTZ Y., *Connaissance et expérience du travail*, Messidor, Éditions sociales, 1988.

THIERRY D., SAURET C., *La gestion prévisionnelle des emplois et compétences*, Paris, L'Harmattan, 1990.

VERMOT-GAUD C., *Prévoir l'emploi et gérer les carrières individuelles*, Paris, Éditions d'organisation, 1987.

WEISS D., *Les relations au travail : employeurs, personnel, syndicats, État*, Paris, Dunod, coll. « Économie », 1972.

ZARIFIAN P., « La compétence en débat », *Le Monde*, 8 octobre, 1997, p. 3.

www.ingramcontent.com/pod-product-compliance
Lightning Source LLC
Chambersburg PA
CBHW061254220326
41599CB00028B/5653